RELATION

DE CE QVI S'EST PASSE'

DE PLVS REMARQVABLE

AVX MISSIONS DES PP.

de la Compagnie de IESVS

EN

LA NOVVELLE FRANCE,

és années 1657. & 1658.

A PARIS,

Chez SEBASTIEN CRAMOISY, Imprimeur du Roy & de la Reine.

———

M. DC. LIX.

AVEC PRIVILEGE DV ROY.

AVANT-PROPOS.

CEVX qui s'interessent dans la conuersion des Sauuages de la Nouuelle France, seront bien-aises de lire, en cette Relation, quelques Chapitres, tirez des lettres, & des memoires, qu'on a enuoyez cette année; mais non pas en si grand nombre que nous attendions. Les chemins sont si longs, & si incertains, sur la mer, & sur la terre, que c'est quasi vn petit miracle, quand rien ne s'égare, & ne se perd, des choses qui nous sont adressées. Le peu qu'on a receu, fait voir que le Demon preuoit quelque grand bien dans ces contrées pour la gloire du Fils de Dieu, puisqu'il continuë ses persecutions, & ses tempestes de tous costez. Aussi-tost que nous auons eu les armes en la main, c'est à dire la con-

ã ij

noiſſance des Langues pour le combattre, & pour faire connoiſtre IESVS-
CHRIST : auſſi-toſt les Demons ſe
ſont oppoſez. Ils ont ſuſcité d'horribles calomnies contre nous : on nous a
pris pour des Impoſteurs, pour des Sor-
ciers, pour des Magiciens, pour des
Gens qui faiſoient geler, & mourir
les bleds ; qui empoiſonnoient les riuieres, qui cauſoient les maladies, &
qui tuoient les hommes. On nous a en
ſuite maſſacrez, on nous a bruſlez,
grillez, roſtis, & mangez tout vifs.
On a fait le meſme traitemens aux
Neophytes, qui auoient receu IESVS-
CHRIST. Cette fureur continuë tous
les iours contre nous : mais quoy ? ve-
nit hora, vt omnis qui interficit
vos, arbitretur obſequium ſe
præſtare Deo : L'heure, & le temps
eſt venu, qu'on croit rendre vn bon
ſeruice à Dieu, de nous perſecuter.
Non eſt diſcipulus ſuper magi-

ſtrum , nec ſeruus ſuper domi-
num ſuum : ſufficit diſcipulo , vt
ſit ſicut magiſter eius , & ſeruo
ſicut dominus eius. *Le diſciple n'eſt
pas plus grand que ſon maiſtre, ny le
valet que ſon ſeigneur. Ce nous eſt
vne grande gloire, de porter les liurées
de noſtre Chef , & de noſtre Capitaine : mais entrons en diſcours.*

ã iij

TABLE DES CHAPITRES.

Permiſſion du R. P. Prouincial.

NOVS IACQVES RENAVLT, Prouincial de la Compagnie de IESVS en la Prouince de France, auons accordé pour l'auenir au ſieur SEBASTIEN CRAMOISY, Marchand Libraire, Imprimeur ordinaire du Roy & de la Reine, Directeur de l'Imprimerie Royale du Louure, Bourgeois & ancien Eſcheuin de cette ville de Paris, *l'Impreſſion des Relations de la Nouuelle France*. Donné a Paris au mois de Decembre 1658.

Signé, IACQVES RENAVLT.

Extrait du Priuilege du Roy.

PAR grace & Priuilege du Roy, il est permis à SEBASTIEN CRAMOISY, Marchand Libraire Iuré en l'Vniuersité de Paris, Imprimeur ordinaire du Roy & de la Reine, Directeur de l'Imprimerie Royale du Louure: Bourgeois & ancien Escheuin de Paris, d'imprimer ou faire imprimer, vendre & debiter vn Liure intitulé, *La Relation de ce qui s'est passé en la Mission des Peres de la Compagnie de* IESVS *au païs de la Nouuelle France és années 1657. & 1658.* & ce pendant le temps & espace de dix années consecutiues; auec defenses à tous Libraires, Imprimeurs, & autres, d'imprimer, ou faire imprimer ledit Liure, sous pretexte de déguisement ou changement qu'ils y pourroient faire, aux peines portées par ledit Priuilege. Donné à Lion au mois de Decembre 1658. Signé, Par le Roy en son Conseil.

RELATION

RELATION

DE CE QVI S'EST
paſſé en la Miſſion des Peres de la Compagnie de IESVS aux païs de la Nouuelle France, depuis l'Eſté de l'année 1657. iuſques à l'Eſté de l'année 1658.

Du retour de nos Peres & de nos François du païs des Onnontagueronnons.

CHAPITRE I.

ENCORE qu'il ſoit vray que les Iroquois ſoient ſubtils, adroits, & de grands fourbes; ie ne ſçaurois neantmoins me perſuader qu'ils ayent tant d'eſprit

& tant de conduite, & qu'ils soient si grands politiques, que pour perdre les François, les Hurons, les Algonguins, & leurs Alliez, ils se soient seruis des ruses & des intrigues qu'on leur impute.

Ils ont pressé plusieurs années auec des instances incroyables, auec des témoignages d'vne affection tres-particuliere, & mesme auec des menaces de rupture & de guerre, si on méprisoit leur amitié, & si on rebutoit leur demande : ils ont, dis-ie, pressé & prié que pour marque de paix & d'alliance auec eux, vn bon nombre de François montast en leur païs, les vns pour les instruire, & les autres pour les proteger contre leurs ennemis.

Les Agneronnons voulant trauerser ce dessein, ils se sont battus les vns contre les autres, iusques à soüiller la terre de sang & de meurtre. Quelques-vns croyent que tout cela se faisoit par feinte, pour mieux cacher leur ieu : mais il me semble que le ieu n'est gueres agreable, où il y va du sang & de la vie; ie doute fort que la politique Iroquoise puisse aller iufques là, & que des Barbares qui ont peu de dependance les vns des autres, puiffent cacher fi long-temps leurs intrigues.

Ie croy pluftoft que les Iroquois On-nontagueronnons demandoient des François auec fincerité, mais les vns auec des veuës bien differentes des au-tres. Les Anciens fe voyant engagez dans de grandes guerres contre quan-tité de Nations qu'ils auoient prouo-quées, demandoient des Hurons, comme des gens qui pouuoient groffir leurs troupes; ils fouhaitoient des Fran-çois pour tirer d'eux des armes à feu,& pour raccommoder celles qui fe rom-peroient. De plus. Comme les Agne-ronnons les traitoient quelquesfois af-fez mal, lors qu'ils paffoient par leurs Bourgades pour aller trafiquer auec les Hollandois; ils vouloient fortir de cette dependance, en ouurant le com-merce auec les François. Ce n'eft pas tout, les armes eftant iournalieres, ils demandoient que nos François fiffent vn grand Fort en leur païs, pour leur feruir de retraite, ou du moins à leurs femmes & à leurs enfans, en cas

que leurs ennemis les preſſaſſent de
trop prés. Voilà les veuës des politiques Iroquois. Le commun peuple ne
penetroit pas ſi auant : la curioſité de
voir des étrangers venus de ſi loing,
l'eſperance d'en retirer quelque petit
emolument leur donnoit enuie de les
voir : mais les Hurons Chreſtiens &
captifs parmy ces peuples, & ceux
qui approuuoient leur vie, & les diſcours qu'ils tenoient quelquefois de
noſtre creance, ne reſpiroient rien
tant au monde que la venuë des Predicateurs de l'Euangile, qui les auoient
engendrez à Ieſus-Chriſt.

Mais ſi-toſt que les Capitaines & les
Anciens ſe ſont veus maiſtres de leurs
ennemis, ayant dompté toutes les Nations qu'ils auoient attaquées ; ſi-toſt
qu'ils ont creu que rien ne pouuoit plus
reſiſter à leurs armes, le reſſouuenir des
torts qu'ils pretendent auoir autrefois
receus des Hurons, la gloire de triom-
pher des Europeans, auſſi-bien que
des Americains, leur a fait prendre la
reſolution de ſe venger des vns, & de
perdre les autres ; ſi bien qu'à meſme
temps qu'ils virent la nation de Chat

qu'ils redoutoient, subiuguée par leurs
armes, & par les forces des Sonnon-
toueronnons leurs Alliez, ils auroient
fait main-basse sur tous les François
d'Onnontagué, n'estoit qu'ils preten-
doient se seruir d'eux, comme d'vne
amorce pour attirer quelques Hurons,
& les massacrer comme ils ont fait. Et
si dés lors la consideration de quelques-vns de leurs gens qui estoient
demeurez à Kebec, ne les eust arre-
stez, le chemin d'Onnontagué eust
seruy de tombeau aux François, aussi-
bien qu'aux Hurons, comme il se ver-
ra cy-aprés. Depuis ce temps-là, nos
Gens ayant découuert leur conspira-
tion, & reconnu que leur mort estoit
concluë, penserent à leur retraite,
dont il sera parlé dans la lettre suiuante.

A iij

Lettre du Pere Paul Ragueneau, au Reuerend Pere Iacques Renault Prouincial de la Compagnie de Ie-sus en la Prouince de France.

Pax Christi.

MON R. PERE,
La presente est pour informer V. R. que nous voilà de retour de la Mission des Iroquois, chargez de quelques dépoüilles remportées sur l'Enfer. Nous portons entre nos mains plus de cinq cens enfans, & quantité d'adul-tes, pour la pluspart morts aprés le Bap-tesme. Nous auons rétably la Foy & la pieté dans les cœurs d'vne pauure Eglise captiue, dont nous auions ietté les premiers fondemens au païs des Hurons. Nous auons publié l'Euan-gile à toutes les nations Iroquoises; de sorte que desormais elles seront sans excuse, & Dieu sera pleinement iustifié sur elles au grand iour du Iuge-ment.

Le Diable enragé de nous voir fai-

re vne ſi belle moiſſon, & iouïr ſi pleinement des fruits de noſtre entrepri-
ſe , s'eſt ſeruy de l'inconſtance des
Iroquois, pour nous chaſſer du centre de ſes Eſtats : car ces Barbares, ſans
autre ſuiet que pour ſuiure leur humeur volage, ont repris la guerre
contre les François, dont les premiers
coups ont eſté déchargez ſur nos bons
Chreſtiens Hurons, qui montoient
auec nous à Onnontagué, ſur la fin
de l'Eſté dernier, & qui furent cruellement maſſacrez entre nos bras , &
dans noſtre ſein , par la plus inſigne
trahiſon qui ſe puiſſe imaginer. Ils
firent en ſuite leurs pauures femmes
captiues , & meſme en bruſlerent
quelques-vnes à petit feu, auec leurs
enfans de trois & quatre ans.

Cette ſanglante execution a eſté
ſuiuie du meurtre de trois François à
Montreal, par les Onneiotchronnons,
qui enleuerent leurs cheuelures,& les
porterent comme en triomphe dans
leurs bourgades,pour marque de guerre declarée.

Ce coup d'hoſtilité barbare ayant
obligé Mr Daillebouſt, comman-
A iiij

dant pour lors en ce païs, de faire arrester & mettre aux fers à Montreal, aux trois Riuieres & à Quebec, vne douzaine d'Iroquois, qui pour lors s'y estoient rencontrez, partie Onnontagueronnons, & la pluspart Agnieronnons. L'vne & l'autre nation Iroquoise fut irritée de cette detention de leurs gens, pretendant qu'elle estoit inique : & pour s'en venger cruellement, ils conuoquerent vn conseil secret, où ils formerent le dessein d'vne guerre implacable contre les François : toutesfois ils iugerent à propos de dissimuler pour quelque temps, iusques à ce que par le renuoy du Pere Simon le Moyne, qui estoit pour lors à Agniegué, ils eussent obtenu la deliurance de leurs Gens, qui estoient aux fers ; faisant leur compte qu'incontinent aprés ils déchargeroient les premiers coups de leur fureur sur nous autres François qui estions à Onnontagué, au nombre de cinquante à soixante, engagez au cœur de leur païs, comme dans vne prison, d'où ils croyoient qu'il nous estoit impossible de sortir.

Ils eurent mesme la veuë dans ce

Conſeil, qu'en nos perſonnes ils auroient de precieux oſtages, ſoit pour retirer par échange ceux de leurs Gens qui eſtoient dans nos priſons, ſoit pour obtenir tout ce qu'il leur plairoit, lors qu'à la veuë de nos habitations Françoiſes ils nous feroient ſentir les effets de leur cruauté : & ſans doute que ces ſpectacles pleins d'horreur, & que les cris lugubres de quarante & cinquante François innocens auroient touché de compaſſion, & auroient mis en peine le Gouuerneur & les habitans de quelqueplace que ce fuſt.

Nous ne ſçauions ces mal-heureux deſſeins des Iroquois que dans le ſecret : mais nous voyions ouuertement leurs eſprits preparez à la guerre, & dés le mois de Feurier diuerſes bandes ſe mettoient en campagne pour cét effet, 200. Agnieronnons d'vne part, 40. Onneiotchronnons d'vne autre, & quelques troupes d'Onnontagué auoient deſia pris le deuant, pendant que le gros de l'armée s'amaſſeroit.

Nous ne pouuions pas eſperer, humainement parlant, pouuoir tirer de ces dangers qui nous enuironnoient de toutes parts, vne cinquantaine de François qui nous auoient confié leurs vies, & dont nous nous sentions responsables deuant Dieu & deuant les hommes. Ce qui nous mettoit plus en peine, n'estoit pas tant les feux dans lesquels vne partie de nos François deuoient estre iettez, comme la captiuité malheureuse à laquelle plusieurs d'entre-eux estoient destinez par les Iroquois, & où le salut de leurs ames estoit bien plus à plaindre, que la perte de leurs corps. C'est ce que la pluspart apprehendoient plus viuement, qui se voyant desia comme captifs, souhaitoient les coups de hache, ou mesme les feux, plustost que cette captiuité. Ils estoient mesme resolus, pour n'en venir à ce malheur extreme, de tenter tout, & de s'enfuir chacun de son costé dans les bois, ou bien pour y perir de faim & de miseres, ou tascher de se rendre à quelqu'vne des habitations Françoises.

Dans ces desseins si precipitez nos Peres & moy, & vn gentilhomme nommé Monsieur du Puys, qui commandoit tous nos François, auec vne garnison de dix Soldats, (dont neuf estoient desia d'eux-mesmes resolus de nous abandonner) nous iugeasmes qu'il valoit mieux se retirer de compagnie, ou pour s'entr'animer les vns les autres à la mort, ou mesme pour la vendre plus cher.

Pour cela il falloit partir sans qu'on en eust aucun vent : car le moindre soupçon qu'eussent eu les Iroquois de nostre retraite, eust hasté sur nous le malheur que nous voulions fuïr. Mais comment esperer de pouuoir partir sans estre découuerts, estant au centre du païs, & tousiours obsedez de quantité de ses barbares, qui ne délogeoient point d'auprés de nostre maison, pour espier nostre contenance en cette conioncture ? Il est vray qu'ils ne pensoient pas que nous eussions iamais eu le courage d'entreprendre ce coup, sçachans bien que nous n'auions ny canots, ny matelots, & que nous ignorions les chemins bordez de precipices, où vne douzaine d'Iroquois nous pouuoient défaire aisément : outre que la saison estoit insupportable dans la froideur des eaux glacées, où toutefois il falloit traisner les canots, se iettant à l'eau, & y demeurant les heures entieres, quelquefois iusques au col ; & iamais nous n'auions entrepris de telles expeditions, sans auoir des Sauuages pour nous conduire.

Nonobstant ces obstacles qui leur paroissoient, aussi bien qu'à nous, insurmontables. Dieu qui tient entre ses mains tous les momens de nos vies, nous inspira si heureusement tout ce qu'il falloit faire, qu'estant partis le 20. iour de Mars de nostre maison de sainte Marie, proche d'Onnontagué, sur les onze heures de nuit, sa diuine Prouidence nous conduisant comme par vn miracle continuel, au milieu de tous les dangers imaginables, nous arriuasmes à Quebec le 23. du mois d'Auril, ayant passé par Montreal, & par les trois Riuieres, auant qu'aucun canot eust pû y estre mis à l'eau, la riuiere n'y ayant pas esté libre pour la nauigation que le iour mesme que nous y parusmes.

Toutes les habitations Françoises nous regardoient comme des person-

nes venuës de l'autre monde , & ne
pouuoient affez admirer la bonté de
Dieu , qui d'vn cofté nous auoit mira-
culeufement deliurez d'vn fi euident
peril , & d'autre part auoit tiré de
peine tous les François de Montreal,
des trois Riuieres, & de Quebec, qui fe
fentoient quafi obligez de fupporter
des Iroquois des chofes infupporta-
bles , & ne pas reprimer les excés de
leurs infolences , de peur que le contre coup n'en retombaft fur nous , qui
eftions en proye & à la difcretion de
l'ennemy commun.

Et certainement il eftoit bien temps
d'arriuer ; car nous apprifmes à Montreal , que deux - cent Agnieronnons
venus en guerre , eftoient proche de
là : & mefme par les chemins nous
en auions apperceu les piftes , & veu
des feux de quelques bandes déta-
chées , qui nous euffent fait vn mauuais party , fi nous n'euffions hafté noftre marche.

Quelques-autres troupes ennemies
parurent auffi aux trois Riuieres , & y
firent prifonniers trois ieunes hommes
qui ne faifoient que d'en fortir pour

aller au trauail, sans que l'on peust leur donner aucun secours, quoy que les Iroquois les entraisnassent à la veuë de tous ceux du bourg.

A Quebec. Le mesme ennemy s'est fait voir dans les campagnes voisines: il a tué du monde quasi dans nos portes, il s'est ietté sur de pauures femmes Algonquines, qui y furent surprises en plein midy; les vnes tuées sur la place, & les autres emmenées captiues, que toutesfois l'on recouura; nos François, les Hurons, & les Algonquins ayant poursuiuy l'ennemy, & luy ayant couppé chemin: mais les meurtriers s'échapperent, disparoissant au moment qu'ils paroissent lors qu'ils se sentent les plus foibles. Ce sont des renards en leurs approches, ils attaquent en lions, & disparoissent en oiseaux faisans leur retraite.

Nous nous reconnusmes encore plus obligez à remercier Dieu d'vne protection si particuliere sur nous, lors qu'estant arriuez à Quebec, nous auons appris de diuers endroits, tant de quelques Hurons venus d'Anniegué, où ils estoiët captifs, que de quelques-autres

venus d'Onnontagué; que le dessein
des Onnontagueronnons auoit esté
de massacrer tous nos François, dés
lors qu'ils arriuerent en leur païs l'année 1656. mais que l'execution en auoit
esté differée iusques à l'année suiuante, aprés que les Hurons y auroient
esté attirez par nostre moyen, sur lesquels l'on deuoit exercer la mesme
cruauté : en sorte que tout le bon ac-
cueil que l'on auoit fait à nos Peres &
à nos François depuis leur arriuee à
Onnontagué, n'auoit esté qu'vne suite
de ce dessein perfide, & vne fourbe
des Anciens & des Capitaines Iroquois, qui conduisoient secretement
cette trahison, dans l'esperance qu'ils
auoient, que si nous estions satisfaits
de leur procedé, les Hurons restez à
Quebec, croiroient qu'il n'y auoit
rien à craindre pour eux à Onnontagué, & que pour lors y montant sur
cette creance, l'on feroit les femmes
& les enfans captifs, & l'on massacre-
roit les hommes. C'est ce qui fut exe-
cuté cruellement sur nos bons Chrestiens Hurons, qui montoient auec
nous à Onnontagué, le troisiéme iour

d'Aouſt de l'année derniere 1657.

Que ſi pour lors nous ne fuſmes
pas enueloppez dans ce cruel maſſacre, ce fut vne prouidence de Dieu,
en ce qu'il y auoit cinquante Onnontagueronnons qui eſtoient deſcendus
à Quebec, pour y aller querir le reſte
des Hurons qui n'auoient pas voulu
monter auec nous, ayant preſſenty le
malheur qui nous arriua. Ces cinquante Onnontagueronnons nous ſauue-
rent la vie ſans y penſer, pource que
leurs compatriotes vouloient attendre leur retour, auant que d'exercer en noſtre endroit ce dernier acte
d'hoſtilité. Cette meſme Prouidence
qui veilloit amoureuſement ſur nous,
ne permit pas que ces cinquante Onnontagueronnons retournaſſent en
leur païs, auant que la nouuelle y fuſt
arriuée, des Iroquois que l'on arreſta
& qu'on mit au fers à Montreal, aux
trois Riuieres, & à Quebec, l'année
paſſée 1657. Ce qui ſuſpendit tous
leurs mauuais deſſeins ſur nous ; Dieu
cependant nous les ayant fait connoiſtre, & nous ayant donné le courage, les forces & les moyens pour
nous

nous retirer heureufement de la captiuité où nous eftions, au milieu de ce peuple barbare & ennemy.

Ce n'eft pas d'auiourd'huy que les deffeins de Dieu font adorables fur fes éleus, & qu'il trouue fa gloire par des voies toutes oppofées aux noftres, dont les refforts ne paroiftront que dans l'eternité. Car outre les victimes de nos Peres, qui eftoient toutes preftes d'oftre immolées, & à qui Dieu n'a pas voulu mettre le feu, quoy que l'Iroquois en euft defia preparé le bufcher ; les fentimens des Chreftiennes Huronnes furent vraiement Chreftiens à la mort de leurs maris & de leurs peres, dont le fang reialliffoit fur elles, auffi-bien que fur nous.

Grand Dieu, s'écrioit l'vne, mélez mon fang auec celuy de mon mary : qu'on m'arrache auiourd'huy la vie ; iamais l'on ne me pourra arracher la foy que i'ay au cœur.

Mon Dieu, difoit vne autre, ie croy fermement que vous eftes le Tout-puiffant, quoy que ie voie vos feruiteurs maffacrez par vos ennemis:

vous n'auez pas promis que noftre foy nous exempteroit de la mort : nos efperances font pour vne autre vie : il faut mourir en terre, pour viure dans le Ciel.

Comme on maffacroit vne de ces femmes fortes, nommée Dorothée, à coups de haches & de coufteaux, à l'entrée du bourg d'Onnontagué ; voiant les larmes d'vne petite fille de huit ans, qui auoit efté au feminaire des Vrfulines, elle luy dit : Ma fille, ne pleures pas ny ma mort, ny la tienne ; nous irons auiourd'huy de compagnie au Ciel : Dieu y aura pitié de nous à toute eternité : les Iroquois ne pourront pas nous rauir ce grand bien. Puis en mourant elle s'écria : IESVS, aiez pitié de moy. Et fa fille fut tuée fur l'heure mefme à coups de coufteaux, prononçant les mefmes paroles que fa mere auoit dites : IESVS, aiez pitié de moy.

Deux autres eftant brûlées à petit feu, s'écrioient au milieu des flammes, qu'elles mouroient Chreftiennes, & qu'elles s'eftimoient heureufes que Dieu les vift dans leurs tourmens,

& qu'il connuſt leur cœur. Oüy, diſoit l'vne ; ſi nos corps eſtoient immor-
tels, les Iroquois rendroient nos peines immortelles : puiſque nos ames ne
peuuent pas mourir, eſt-ce choſe in-
croiable que Dieu, qui n'eſt rien que
bonté, doiue les recompenſer à toute
eternité ?

Ces meres embraſſoient leurs enfans
qu'on auoit iettez dans ces flammes, &
l'excés de toutes ces cruautez barbares ne pût iamais les ſeparer : tant il
eſt vray que la foy & l'amour de Dieu
ſont plus forts que le feu & la mort.

C'eſt dans le Ciel, où nous verrons
plus pleinement, les reſſorts adorables
& aimables de la prouidence de Dieu,
ſur ceux qu'il a choiſis au milieu de
cette barbarie pour en faire des Saints.
Nos Egliſes ſont vraiement ſouffran-
tes, & le Diable y fait ſes raüages :
mais Dieu en tirera ſa gloire en dépit
de l'Enfer. C'eſt à nous de faire ce que
nous pourrons : c'eſt à luy ſeul de faire
ce qu'il luy plaira.   De V. R.

De Quebec ce 21.   *Le tres-humble & obeïſſant*
d'Aouſt 1658.   *ſeruiteur en N. S.*

PAVL RAGVENEAV.

De l'industrie & du courage de nos François dans leur retraite d'Onnontagué.

CHAPITRE II.

LE Pere Iean De Brebeuf, le Pere Gabriel Lallement, le Pere Isaac Iogues, & les autres, pour la plufpart, qui ont efté brûlez & mangez par les Iroquois, pouuoient affez facilement échapper des mains & de la dent de ces anthropophages ; mais le Sacrement de Penitence qu'ils vouloient adminiftrer à quelques Neophytes deuant leur mort, & le Baptefme qu'ils vouloient conferer à quelques Catechumenes, leur firent preferer les feux & la rage des Iroquois, à la douceur de la vie. C'eftoit fait de tous nos Peres, & de tous nos Freres d'Onnontagué, s'ils fe fuffent trouuez en vn pareil rencontre : mais voiant que leur mort feroit inutile à vne pauure Eglife captiue qu'ils abandonnoient, & que leur efclauage ne les auroit pas

ſoulagez , dautant que ces barbares
les deuoient lier & garotter , & les
mener à Kebec , pour retirer en con-
tre-échange leurs compatriotes , que
nos François retiennent dans les fers.
Voiant , dis-ie , que leur mort, & leur
captiuité ſeroit plus nuiſible que pro-
fitable à la Colonie Françoiſe , ils prirent reſolution de ſe ſauuer , & de trauailler à la conſeruation des François ,
qui s'alloient perdre en ſe diuiſant , &
en ſe ſeparant les vns des autres.

La reſolution priſe , il falloit trouuer les moiens de l'executer. Il eſt
plus aiſé de donner des preceptes, que
de les garder. Nos François n'eurent
pas de peine à ſe reſoudre de conſeruer leurs vies , & d'euiter leur mort :
les glaces, les vents, en vn mot, l'im-
poſſibilité de partir les arreſterent iuſques à la veille du iour deſtiné à leur
maſſacre : pas vn ne doutoit qu'il ne
falluſt faire retraite , & au pluſtoſt.
Voions maintenant comme ils s'y prirent : la Lettre ſuiuante nous le dé-
couurira.

B iij

Lettre du Pere Paul Ragueneau au Pere Procureur des Miſsions de la Compagnie de Ieſus en la Nouuelle France.

Pax Chriſti.

MON R. PERE,
V. R. ſera bien-aiſe d'apprendre les particularitez de noſtre départ de ſainte Marie des Iroquois, pour ioindre ſes actions de graces à celles que nous deuons a la Bonté diuine, qui nous a retirez auec bien des merueilles d'vn lieu, où ſon amour ne nous auoit pas conduit ſans quelques prodiges. Nous deuions perir en montant, la mort nous attendoit à noſtre arriuée ; noſtre départ a touſiours paſſé pour impoſſible ; & neantmoins *ecce viuimus*, nous ſommes pleins de vie, & nous auons eu le bon-heur de mettre en poſſeſſion de la vie eternelle quantité de ceux qui ſe preparoient à boire noſtre ſang, & ietter nos corps tout viuans dans leurs feux.

La reſolution eſtant priſe de quitter ces terres, où Dieu auoit pris par no-

ftre moien, le petit nombre de fes é-
leus, les difficultez paroiſſoient inſur-
montables dans l'execution, pour laquelle toutes choſes nous manquoiēt.

Pour ſuppleer au defaut des canots,
nous auions fait, en cachette, deux
batteaux, d'vne nouuelle & excellente
ſtructure, pour paſſer les rapides; ces
batteaux ne tiroient que fort peu
d'eau, & portoient beaucoup de charge, quatorze ou quinze hommes chacun, & la valeur de quinze à ſeize
cent liures peſant. Nous auions de plus
quatre canots à l'Algonquine, & quatre à l'Iroquoiſe, qui deuoient com-
poſer noſtre petite flotte de cinquante
trois François.

Mais la difficulté eſtoit de faire l'embarquement ſans eſtre apperceus des
Iroquois, qui nous obſedoient conti-
nuellement. Le tranſport des batteaux, deſ canots, & de tout l'équipage ne pouuoit pas ſe faire ſans vn
grand bruit:& neantmoins, ſans le ſecret, il n'y auoit rien à eſperer, qu'vn
maſſacre general de tous tant que
nous eſtions, au moment que l'on ſe
fuſt apperceu que nous euſſions eu la

moindre penſée de nous retirer.

Pour cela, nous inuitaſmes tous les Sauuages qui eſtoient proche de nous, à vn feſtin ſolemnel, où nous emploiaſmes toute noſtre induſtrie, & n'épargnaſmes ny le ſon des tambours, ny les inſtrumens de muſique, pour les endormir par vn charme innocent.

Celuy qui preſidoit à la ceremonie, ioüa ſon ieu auec tant d'adreſſe & de bon-heur, qu'vn chacun vouloit contribuer à la ioie publique : c'eſtoit à qui ietteroit des cris plus perçans, tantoſt de guerre, tantoſt d'allegreſſe: les Sauuages par complaiſance chantoient & danſoient à la Françoiſe, & les François à la Sauuage. Pour les animer de plus en plus à ce beau ieu, on diſtribua des preſens à ceux qui iouoient mieux leur perſonnage, & qui menoient plus de bruit, pour étouffer celuy qu'vne quarantaine de nos gens faiſoient au dehors, dans le tranſport de tout noſtre équipage. Tout l'embarquement eſtant fait, le feſtin ſe finit à point nommé, les conuiez ſe retirent, & le ſommeil les aiant bien-toſt abattus, nous fortiſmes de noſtre maiſon par vne porte de derriere , & nous ambar-quaſmes à petit bruit, ſans dire Adieu à nos Sauuages, qui faiſoient les fins, & qui penſoient nous amuſer iuſques au temps de noſtre maſſacre, de belles apparences , & par des témoignages de bonne volonté.

Noſtre petit Lac, ſur lequel nous voguions en ſilence dans les tene-bres de la nuit , ſe geloit à meſure que nous auancions , & nous faiſoit craindre d'eſtre arreſtez dans les gla-ces, aprés auoir euité les feux de l'Iro-quois. Dieu nous en deliura pourtant, & aprés auoir auancé la nuit, & tout le iour ſuiuant par des precipices & par des cheutes d'eau effroiables ; enfin nous nous rendiſmes le ſoir dans le grand Lac Ontario, à vingt lieuës du lieu de noſtre depart.

Cette premiere iournée eſtoit la plus dangereuſe ; car ſi les Iroquois euſſent apperceu noſtre ſortie , ils nous euſſent coupé chemin ; & n'euſ-ſent-ils eſté que dix ou douze, il leur eſtoit facile de nous mettre en deſor-dre, la riuiere eſtant tres-étroite , &

terminée , aprés dix lieuës de chemin , d'vn precipice affreux , où nous
fufmes obligez de mettre pied à terre,
& porter l'efpace de quatre heures noftre bagage & nos canots , par des chemins perdus , & couuerts d'vne Fo-
reft époiffe qui euft feruy de Fort à
l'ennemy , & d'où à chaque pas il euft
pû nous affommer , & tirer fur nous
fans eftre apperceu.

La protection de Dieu nous accom-
pagna vifiblement dans tout le refte
du chemin , y marchant dans des perils qui nous faifoient horreur aprés
les auoir euitez, & n'aiant point la nuit
d'autre gifte que fur la neige , aprés
auoir paffé les iournées entieres dans
les eaux & parmy les glaces.

Dix iour aprés noftre départ, nous
trouuafmes le Lac Ontario, fur lequel
nous voguions, encore gelé en fon
emboucheure : il fallut prendre la hache en main pour fendre la glace , &
fe faire paffage : mais ce fut pour entrer deux iours aprés dans vne cheute
d'eau, où toute noftre petite flotte fe
vit quafi abifmée. Car nous eftant engagez dans vn grand fault , fans le

connoiſtre , nous nous trouuaſmes au
milieu de ſes briſans , qui par le rencontre de quantité de gros rochers,
éleuoient des montagnes d'eau , &
nous iettoient dans autant de precipices , que nous donnions de coups
d'auirons. Nos batteaux qui à peine auoient demy-pied de bord , ſe
trouuerent bien-toſt chargez d'eau ,
& tous nos gens dans vne telle con-
fuſion , que leur cris meſlez auec le
bruit du torrent nous faiſoient voir
l'image d'vn triſte naufrage. Il falloit
pourtant pouſſer outre , la violence
du courant nous emportant malgré
nous dans de grandes cheutes , & par
des chemins où iamais on n'auoit paſſé. La crainte redoubla à la veuë
d'vn de nos canots englouty dans vn
briſant , qui barroit tout le rapide , &
qui eſtoit neantmoins la route que
tous les autres deuoient tenir. Trois
François y furent noiez , vn quatriéme aiant échappé heureuſement , s'e-
ſtant tenu attaché au canot , & aiant
eſté ſecouru au bas du ſault , lors qu'il
eſtoit ſur le point de laſcher priſe , les
forces luy manquant quaſi auec la vie.

Ceux qui furent noiez auoient com-
munié ce iour là, & s'estoient faintement difpofez à la mort, fans fçauoir
qu'elle fuft fi proche. Mais Dieu qui
connoift fes éleus, les y auoit amoureu-
fement preparez Ce nous eft vne con-
folation de pouuoir dire, *Pater, quos
tradidifti mihi, non perdidi ex .is quem-
quam.* Car ces trois noiez eftant au
Ciel, ne font perdus qu'heureufement, aiant trouué Dieu & leur falut
dans leur perte.

Le 3. d'Auril nous abordafmes à
Montreal au commencement de la
nuit : les glaces n'en eftoient parties
que le iour mefme, & elles nous euffent arrefté, fi nous fuffions arriuez
pluftoft. Nous nous vifmes obligez de
feiourner au mefme lieu quatorze
iours, les Riuieres qui eftoient plus
bas n'eftant pas encore défprifes.

Le 17. d'Auril nous nous rendifmes
aux trois Riuieres, d'où les glaces n'e-
ftoient parties que le iour precedent.
nous y paffafmes la Fefte de Pafques.

Le Mardy nous arriuafmes heureufement à Quebec ; vn iour pluftoft
nous n'euffions pas pû y aborder, tout

n'y estoit qu'vn pont de glace depuis la coste de Lauson, d'où on auoit encore trauersé la Riuiere à pied sec le iour de Pasques.

Vraiement l'Ange de Dieu nous conduisoit dans nos démarches, & dans nos demeures, comme il conduisoit autrefois son peuple bien-aimé au sortir de la captiuité d'Egypte, du milieu des Nations barbares. Loüez Dieu auec nous de ce qu'il nous a deliurez d'vne seruitude bien plus dangereuse, aprés auoir beny nos trauaux par le salut de quantité d'ames, qui ioüissent maintenant du repos eternel.

Iournal de ce qui s'est passé entre les François & les Sauuages.

CHAPITRE III.

OVTRE les deux Lettres couchées aux deux Chapitres precedens, nous en auons receu quelques autres, & quelques memoires, qui composeront ce Iournal.

Le mot Onnonta, qui fignifie vne montagne, en langue Iroquoife, a donné nom à la Bourgade appellée Onnontaé, ou, comme d'autres la nomment, Onnontagué, pource que elle eft fur vne montagne, & les peuples qui l'habitent, s'appellent en fuite Onnontaeronnons, ou bien Onnontagueronnons. Ces peuples ayant long-temps & inftamment demandé, qu'on enuoyaft quelques Peres de noftre Compagnie en leur païs. Enfin l'année 1655. le Pere Iofeph Chaumonot & le Pere Claude Dablon leurs furent accordez. Ils les embarquerent le 19. de Septembre, & les rendirent à Onnontagué le 5. Nouembre de la mefme année 1655.

1656.   L'année fuiuante 1656. ces deux bons Peres fe voyant écoutez auec applaudiffement, & auec bienueillance, le Pere Dablon quitta Onnontagué le fecond iour de Mars, pour venir demander du fecours à Kebec, où il arriua au commencement d'Auril, & en partit le 17. de May, en compagnie de trois Peres & de deux Freres de noftre Compagnie, & de bon nom-

bre de François, qui tirerent tous vers
ce nouueau païs, où ils se rendirent
le 11. iour de Iuillet de la mesme année 1656.

L'an 1657. la moisson paroissant 1657.
belle dans toutes les Bourgades des
Iroquois superieurs, le commun peuple écoutant les bonnes nouuelles de
l'Euangile auec simplicité, & les Anciens auec vne feinte bien cachée ; le
Pere Paul Ragueneau, le Pere François Du Peron, quelques François, &
plusieurs Hurons partirent de Montreal le 26. de Iuillet, pour aller secou-
rir leurs freres & leurs compatriotes.

Le 3. iour du mois d'Aoust de la
mesme année 1657. la perfidie des Iroquois commença à se découurir, par
le massacre qu'ils firent des pauures
Hurons qu'ils menoient en leur païs,
aprés mille protestations de bienueillance, aprés mille sermens à leur mode, qu'ils les traiteroient comme leurs
freres. Et si quantité d'Iroquois ne fus-
sent demeurez parmy les François auprés de Kebec, pour tascher d'emme-
ner auec eux le reste des Hurons, qui
se deffians de ces traistres, ne s'estoient

pas voulu embarquer auec les autres; c'eſtoit fait dés lors & des Peres, & des François qui montoient auec eux; & bien-toſt aprés, tous ceux qui demeuroient ſur les riues du Lac Gannantaa, proche d'Onnontagué, auroient couru la meſme fortune : mais la crainte que les François ne ſe vengeaſſent ſur leurs compatriotes, arreſta leur deſſein, dont nos Peres eurent ſecretement connoiſſance, incontinent aprés leur arriuée dans le païs. Vn Capitaine meſme qui ſçauoit le ſecret des Anciens, aiant pris quelque gouſt aux Predications de l'Euangile, & ſe voiant fort malade, demande le Bapteſme, l'aiant receu aprés vne ſuffiſante inſtruction, il découurit les mauuais deſſeins de ſes compatriotes à celuy qui luy confera, & peu de temps aprés il s'en alla au Ciel.

Le 9. du meſme mois d'Aouſt, vingt Iroquois Agneronnons aborderent à Quebec : c'eſtoit à qui entraiſneroit en ſon païs, les reſtes de la pauure Nation Huronne : les Iroquois d'en-haut & d'embas, les attiroient auec les plus belles promeſſes

du

du monde, & ils n'auoient tous que des intentions de les perdre.

Le 11. parut la barque de Monſieur Bourdon, lequel eſtant deſcendu ſur le grand Fleuue du coſté du Nord, vogua iuſques au 55. degré, où il rencontra vn grand banc de glaces, qui le fit remonter, aiant perdu deux Hurons, qu'il auoit pris pour guides. Les Eskimaux Sauuages du Nord, les maſſacrerent, & bleſſerent vn François de trois coups de fleches, & d'vn coup de couſteau.

Le 21. quelques Hurons s'eſtant ioints auec les Agneronnons, dont nous venons de parler, s'embarquerent à Kebec, pour aller demeurer en leur païs, ignorant la captiuité qui les attendoit.

Le 26. Le Pere le Moine les ſuiuit, auec quelques autres Hurons, remenant vn ieune Iroquois Agneronnon, qui eſtoit paſſé en France, & que nous auions renuoié à Kebec, où on le rappelloit.

Le 3. de Septembre, les Onnontagueronnons, qui eſtoient demeurez à l'entour des habitations Françoiſes,

C

enuoierent deux de leurs Gens vers
les Hurons de Kebec, pour les preſſer
de prendre Onnontagué pour leur
patrie, leur donnant mille aſſuran-
ces, qu'ils feroient les tres-bien venus. C'eſtoit, comme i'ay dit, à qui
auroit le debris de ce pauure peuple.
Or iaçoit qu'ils ne ſceuſſent pas ce qui
eſtoit arriué à leurs freres, ils taſche-
rent neantmoins de faire trouuer bon
à ces Deputez, de remettre la partie
iuſques au Printemps ſuiuant. Ce fut
vn coup de Dieu : car ce dilaiement
obligea pluſieurs Iroquois de paſſer
l'Hyuor auprés des François, pour attendre les Hurons ; ce qui empeſcha
les Onnontagueronnons de mettre à
mort, ou de ſe ſaiſir de nos Gens, qui
eſtoient en leur païs. Dieu leur vouloit donner, par cette prouidence ſi
particuliere, le moien de ſe ſauuer.

Le 9. du meſme mois de Septembre. Nos Peres d'Onnontagué enuoierent deux canots, pour donner
nouuelle à Kebec, du maſſacre des
pauures Hurons Chreſtiens, mis à
mort par vne trahiſon inoüie de ces
Barbares, comme nous l'auons mar-

qué cy-deſſus au 3. d'Aouſt de l'an
1657. Ils deuoient auſſi rendre des
Lettres, qui expliquoient l'eſtat du
païs, & qui découuroient la mauuaiſe
volonté des principaux de ces peuples
vers les François. Nous en miſmes
quelque choſe à la fin de la Relation
de l'an paſſé. Les Onneïotchronnons
aiant eu le vent de l'enuoy de ces deux
canots, les deuancerent à deſſein,
comme on a ſceu depuis, de maſſacrer
ceux qui les conduiſoient, & de ietter leurs Lettres au feu : mais nos
Gens aiant euité leurs embuſches &
leurs pourſuites, arriuerent enfin à
Kebec

Le 6. d'Octobre, non ſans l'étonnement de nos François. Ie vous laiſſe
à penſer, ſi les pauures Hurons, qui
n'auoient pas voulu ſuiure les Onnontagueronnons, beniſſoient Dieu, de
ſe voir deliurez des pattes de ces loups.
A peine y auoit-il vn mois, que ces
mal-heureux les auoient voulu trahir.
S'il faut auoir de l'eſprit pour eſtre
fourbe, ces peuples n'en manquent
pas.

Le 16. Vne chaloupe porta nouuelle à Kebec, que deux François auoient esté pillez au Cap à l'arbre par des Iroquois. Ces Barbares, sous ombre qu'ils auoient de nos Gens en leur païs, commettoient quantité d'insolences, pillant des maisons, tuant les bestiaux des metairies Françoises. Les habitans s'en estant plains fort souuent. Enfin

Le 21. du mesme mois, Monsieur Dailleboust, qui commandoit pour lors, fit assembler les principaux, pour voir quel remede on pourroit apporter à ces desordres. Il fut arresté, 1. Qu'il ne falloit point commencer les premiers à irriter les Iroquois, mais qu'on pouuoit sans difficulté, *vim vi repellere*, repousser par la force leurs insultes. 2. Qu'on deuoit tousiours traiter comme amis les Hurons & les Algonquins nos Alliez. 3. Qu'il falloit empescher que les Iroquois, soit d'en haut ou d'embas, ne leur fissent aucun tort à la veuë de nos habitations.

Le mesme iour, il fit assembler les Algonquins, & les Hurons, qui luy demanderent, comme ils se compor-

teroient enuers les Iroquois : il repar-
tit. Qu'ils les pouuoient attaquer, &
les combattre hors la veuë des habitations Françoises. Que nous les pro-
tegerions dans cette étenduë, & que
nous ne romperions iamais la paix,
s'ils ne faifoient les premiers quelque
acte d'hoftilité.

Le 25. du mefme mois d'Octobre,
Quelques Iroquois Onneïotchronnons, voifins d'Onnontagué, tuërent
trois François à Montreal, à coups de
fufil ; arracherent à deux la peau de la
tefte, & l'emporterent en triomphe
en leur païs. A l'occafion de ces meurtres, Monfieur de Maifonneufue fit
arrefter, & mettre aux fers vn Sauuage Onnontagueronnon, qui depuis
quelque temps chaffoit en l'Ifle de
Montreal, & fe retiroit le plus fouuent auec les François.

Le 29. Trois Onneïotchronnons
fe prefentent au Fort de Montreal,
demandent à parler à Monfieur de
Maifonneufue Gouuerneur. Ils pro-
teftent qu'ils font innocens, & qu'ils
font tres-marris de l'attentat commis
fur fes Gens. L'vn deux tire fept pre-

fens, compofez de neuf colliers de porcelaine, auec ces paroles; *I'effuie le fang répandu fur la natte, ou fur la terre, où ie fuis. I'ouure ta bouche, afin de bien parler. Ie calme ton efprit irrité par ce mauuais coup. Ie couure la terre fouillée de fang, & i'enferme dans l'oubly cette mef- chante action. Ie te fay fçauoir, que c'eft l'Oïogueronnon qui t'a tué. Ie te donne vn breuuage, pour te guerir. Ic raffermis le May ébranlé, auprés duquel fe doiuent te- nir les Confeils des Iroquois & des François.* Monfieur de Maifonneufue receut les prefens, n'aiant pas encore affez de lumiere fur la déloiauté de ces perfi- des, qui paroiffoient fort innocens. Il les inuita neantmoins de demeurer quelque temps auprés de nos Fran- çois, pour reconnoiftre de plus prés leurs démarches. Mais comme ils fe fentoient coupables, & qu'ils eftoient camarades (à ce qu'on croit) de ceux qui auoient maffacré nos Gens, voiant d'ailleurs vn Sauuage Onnontague- ronnon aux fers, ils s'enfuïrent la nuit à la fourdine.

Le 1. iour de Nouembre. Le canot que Monfieur de Maifonneufue auoit

enuoié à Monſieur Daillebouſt, pour
luy donner aduis de ces meurtres, parut à Kebec, aiant paſſé par les trois
Riuieres. A meſme temps Monſieur
Daillebouſt commande, qu'on arreſte
en toutes les habitations des François,
tous les Iroquois qui s'y preſente-
roient, de quelque endroit qu'ils pûſ-
ſent eſtre. On auoit deſia commencé
d'arreſter douze Agneronnons aux
trois Riuieres, dont vne partie fut en-
uoiée à Kebec.

Le 3. du meſme mois, Quelques Algonquins eſtant allez chaſſer, & faire
la petite guerre vers les Iſles de Richelieu, tuërent vn Sauuage Onnontagueronnon, qu'ils rencontrerent,
& en apporterent la cheuelure à Kebec. Son compagnon s'eſtant échappé, ſe retira à Montreal, où il fut mis
aux fers.

Le 5. Monſieur Daillebouſt aſſem-
bla les François & les Sauuages nos
Alliez, pour leur declarer le deſſein
qu'il auoit, d'enuoier deux Agneronnons de ceux qu'on luy auoit enuoiez
des trois Riuieres, pour informer Ondeſonk, c'eſt à dire, le Pere Le Moi-

ne, qui eſtoit au bourg d'Anié, ou, comme d'autres l'appellent, Aniegué, pour l'informer qu'on auoit tué trois François à Montreal, & qu'en ſuite on auoit retenu quelques Iroquois Agneronnons en nos habitations. Voicy ſommairement les paroles, qui deuoient eſtre portées aux Anciens du païs. 1. Qu'on a tué trois François à Montreal; les meurtriers eſtoient trente, quoy qu'il n'en paruſt pas tant. 2. Que les parens des defunts ſe vouloient venger ſur les Agneronnons, qui vinrent aux trois Riuieres, bien-toſt aprés que la nouuelle de ce maſſacre y fut apportée. 3. Qu'on s'eſt oppoſé à cette vengeance de la part d'Onontio, c'eſt à dire, du Gouuerneur des François. 4. Qu'on les a arreſtez ſeulement, ſans leur faire aucun mal. 5. Qu'on eſt reſolu de les retenir, pendant le voiage de ceux qu'on enuoie de ſa part, pour ſe plaindre aux Anciens du païs de cet attentat, & pour ſçauoir s'il n'a point eſté commis par leur ieuneſſe. 6. Qu'on les aſſeure, que ceux qu'on a retenus, ſeront bien traitez;

& afin qu'on n'en doute point, Onontio écrit tous ces articles à Ondeſonk,
& les a nettement expliquez aux A-
gneronnons, qu'on a mis en liberté,
pour aller traiter cet affaire.

Le 7. du meſme mois de Nouembre. Deux Agneronnons partirent de
Kebec, & en prirent vn troiſiéme aux
trois Riuieres, pour s'en aller porter
ces paroles en leur païs. On leur donna force lettres de diuers endroits,
pour donner au Pere Le Moine, dont
vne partie deuoient eſtre enuoyée à
nos Peres & à nos François d'Onnontagué, par l'entremiſe des Agneronnons, qui vont ſouuent en ce païs-là.

Enuiron ce meſme temps, ou vn peu
deuant, Monſieur de Maiſonneufue
renuoia auſſi vn priſonnier Onnontagueronnon en ſon païs, pour rendre
des lettres à nos Peres, qui les infor-
moient de tout ce qui ſe paſſoit parmy
les François. Il donna charge à ce Barbare, de dire à peu prés aux Anciens
d'Onnontagué, ce qu'on mandoit à
ceux d'Aniegué; mais il y euſt de l'in-
fidelité des deux coſtez.

Il eſt vray que les Agneronnons

rendirent fidellement les lettres à
Ondefonk, pource qu'ils craignoient
qu'on ne fift du mal à leurs Gens detenus par les François. Mais pour les
lettres qui s'adreffoient à nos François d'Onnontagué, l'Agneronnon
qui les portoit, les ietta dans la riuiere, ou les prefenta, comme il eft
croiable, aux Anciens du pais : mais
ces bonnes gens, qui fe vouloient défaire des Predicateurs de l'Euangile,
& de ceux qui les affiftoient, les iette-
rent dans le feu.

L'Onnontagueronnon enuoié par
Monfieur de Maifonneufue fit encore
pis : car il dit aux principaux de fa Nation, que les François s'eftoient liez
principalement auec les Algonquins,
pour leur faire la guerre, & qu'ils
auoient tué fon camarade. C'eftoit vn
Algonquin qui l'auoit mis à mort, al-
lant en guerre, comme nous l'auons
marqué au 3. de Nouembre. Il n'en
falloit pas dauantage pour animer ces
furieux, qui auoient defia conclud la
mort de quelques-vns, & la captiuité
des autres Ils voulurent neantmoins
agir de concert auec les Agneron-

nons, qui ne pouuoient non plus que les autres, gouſter la detention de leurs Gens, la croiant tres-iniuſte.

Nos pauures François eſtoient cependant bien étonnez, de n'apprendre aucune nouuelle aſſeurée ny de Kebec, ny des trois Riuieres, ny de Montreal. Ces Barbares leur auoient entierement interdit ce commerce : ſi bien que les ordres de Monſieur Daillebouſt ne furent point rendus à Monſieur Du Puis, qui commandoit les Soldats, ny aucune lettre à qui que ce fuſt des François.

Le 17. du mois de Nouembre de la meſme année 1657. Parut à Kebec vne chalouppe pleine de Sauuages, qui apporta nouuelle, que plus de ſoixante canots chargez de pelteries, eſtoient abordez aux trois Riuieres. Ils venoient de la Nation des poiſſons blancs, & d'autres peuples encore plus éloignez du grand Fleuue, dont quelques-vns n'auoient iamais veu ny François, ny Europeans. Ils eſtoient enuiron trois ou quatre perſonnes en chaque canot, tous gens bien-faits, & de belle taille.

Continuation du Iournal.

CHAPITRE IV.

IE ne sçay pas en quel temps les trois Agneronnons enuoiez par Monsieurs Dailleboust, arriuerent au bourg d'Anniegué. Ie ne sçay non plus ny le iour, ny le mois de l'arriuée de l'Onnontagueronnon delegué par Monsieur de Maisonneufue à Onnontagué : mais ie sçay bien que

Le 3. de Ianuier de cette année 1658. trois Agneronnons, differens des trois qu'on auoit renuoiez, apporterent à Kebec des lettres du Pere Ondesonk, c'est à dire, du Pere Le Moine, dont voicy l'abbregé.

Premierement. Les trois Agneronnons, dit-il qui vous vont voir, portent trois presens à Onontio, c'est à dire, à Monsieur le Gouuerneur, qui signifient ces trois paroles, qu'ils vous déduiront eux-mesmes. Ce sont les Anciens qui parlent par leur bouche, & qui vous disent : 1. Nous auons esté tüez en la perſonne des François, que nous venons enterrer. 2. Ondeſonk eſt viuant ; il eſt chez nous auſſi libre qu'il ſeroit chez vous. 3. Nous venons requerir nos neueux detenus entre vos mains.

Secondement. Le Pere adioûte, que deux cent Agneronnons eſtoient partis pour s'en aller, en chaſſant, vers Tadouſſac , & qu'au Printemps ils deuoient faire des canots vis à vis de ce quartier-là , ſur l'autre riue du grand Fleuue , qui a bien dix licuës de largeur en cet endroit, pour ſurprendre en ſuite tous les Montaignets & les Algonquins , qui retournent ordinairement de leur grande chaſſe en ce temps-là. Les deux principaux Capitaines de cette troupe ſe nomment Aouigaté & Anguieout.

En troiſiéme lieu, vne autre bande de 400. Soldats eſt auſſi partie pour s'aller ioindre aux Iroquois d'en-haut , & pour faire auec eux vn gros d'enuiron 1200. hommes , afin d'entrer dans le païs des Outaouak, & tirer vengeance de la mort de trente de leurs Gens , qui furent tuez en guerre , il y a enuiron vn an, dans ces contrées fort éloignées des Iroquois. Teharihoguen eſt General de cette petite armée.

En quatriéme lieu. Il dit que les trois Ambaſſadeurs ne ſont que de ieunes gens, qui deuoient aller en guerre auec les autres; mais qu'on les a détachez de leur gros, & qu'on les a enuoiez à Kebec, pour retirer les priſonniers des mains des François: & qu'il n'y a plus dans les bourgs de l'Agneronnon que des vieillards, toute la ieuneſſe eſtant partie dés le mois de Ianuier pour la guerre; ſi bien que ſi leurs ennemis paroiſſoient, qu'ils détruiroient tout leur païs.

En cinquiéme lieu. Il déplore la calamité des pauures Hurons, qui s'eſtant confiez à ces perfides, les ont ſuiuis dans leur païs, où ils ſont traitez comme des eſclaues. Le mary eſt ſeparé de ſa femme, les enfans de leurs peres & meres; en vn mot, ils ſeruent de beſtes de charge à ces Barbares. C'eſt vn aduis aux Hurons qui reſtent, & qui demeurent encore parmy les François, pour ne ſe pas fier aiſément aux Iroquois, s'ils ne veulent perdre

le corps & l'ame. Voilà sommaire-
ment le contenu des lettres , que le
Pere Le Moine écriuit à nos Peres de
Kebec. Venons maintenant à ce qui
se fit publiquement , en suite de la venuë de ces Ambassadeurs, dont le plus
âgé n'auoit pas plus de trente ans , les
deux autres paroissoient quasi des enfans.

Le 1. iour de Feurier. Monsieur
Dailleboust assembla les François, &
puis aprés les Sauuages , pour leur
communiquer les nouuelles apportées
par ces trois Iroquois, à qui on donna
audience

Le 4. iour du mesme mois. Le plus
âgé des trois tira neuf colliers de porcelaine assez beaux. Il en presenta sept
à Onontio ; & deux aux Sauuages nos
Alliez , auec ces paroles. 1. Ondesonk
est en vie , il se porte bien , il loge dans
nos cabanes. 2. Les Iroquois & les
Hollandois sont liez d'vne chaisne de
fer , leur amitié ne se peut rompre ;
voilà pour faire entrer Onontio dans
ce lien. 3. Nous ne sçauons pas qui a
tué les François à Montreal : c'est bien
le Sonnotoueronnon , ou l'Onnonta-

gueronnon, ou l'Onneïotchronnon ; mais nous ne sçauons pas lequel des trois : nous sçauons seulement que ce n'est pas l'Agneronnon. 4. Ie me réioüis fort de voir mes freres en vie, voilà pour en témoigner ma ioie & mon contentement. 5. Et pour marque que ie les voudrois bien voir en mon païs, ie vous fay ce present. Au sixiéme present il dit : Ce collier seruira de marteau , pour rompre leurs fers, & pour les mettre en liberté. 7. Et cet autre fournira les besoins necessaires pour leur retour. 8. Pour toy , Algonquin & Huron , ce que i'offre te fera sçauoir que mon cœur est tousiours en bonne assiette : dis-nous en quelle posture est le tien ? 9. Voicy vn obstacle , pour empescher que tu ne me blesse en la maison d'Onontio : cache ta hache & ton coûteau, si tu en as, car tu luy ferois honte en me blessant. Ce petit abbregé de la harangue d'vn Barbare fait voir que l'esprit ne leur manque pas, mais bien l'education , & la connoissance du vray Dieu.

    Le 5. de Feurier. Monsieur Daille-
bouft

bouſt tint vne aſſemblée de François, & en l'Iſle il fit venir les Hurons
& les Algonquins, & dans ces deux
aſſemblées fut arreſté, ce qu'on deuoit répondre à ces trois Ambaſſadeurs, ou Meſſagers. Monſieur Dail-
bouſt fit écrire la réponſe, & la donna
à ſon interprete, qui la rapporta publiquement, comme ie vay dire.

Le 12. du meſme mois, les François, les Algonquins, & les Hurons,
s'eſtant rendus dans vne grande Salle,
les trois Agueronnons s'y trouuerent;
le Truchement François leur parla
à peu prés en ces termes, s'accom-
modant au genie & aux couſtumes du
païs.

C'eſt choſe étonnante que, toy
Agneronnon, tu ne m'eſtimes qu'vn
enfant. Si ie te parle, tu fais ſemblant
de m'écouter. Tu me traites comme ſi
i'eſtois ton captif, t'imaginant que tu
me tuëras, quand tuvoudras. Tu ne me
mets pas au nombre des hommes : tu
me prens pour vn chien. Quand on
frappe vn chien, il crie, il s'enfuit,
& ſi on luy preſente à manger, il re-
uient, & flatte celuy qui l'a frappé

Toy Agneronnon , tu me tuës ; moy qui suis François, ie crie, on m'a tué, & tu me iettes vn collier de porcelaine , comme en me flattant, & en te mocquant. Tay-toy, me dis-tu, nous sommes bons amis. Sçaches que le François entend bien la guerre : il tirera raison de ta perfidie , qui dure depuis vn si long-temps. Il ne souffrira plus que tu le méprises. Il n'y a qu'vn mot qui serue. Fay satisfaction , ou dis qui a fait le meurtre. Ie ne répondray plus à tes paroles. Tu n'agis pas en homme : tu ne gardes aucune de tes promesses. Ie sçay bien que ton armée est en campagne : tu l'as dit, passant à Montreal , à l'Onnotagueronnon : tu l'as dit à tes compatriotes, qui sont detenus aux Trois Riuieres. Et cependant tu crois m'amuser auec vn collier de porcelaine. Le sang de mes freres crie bien haut : si bientost ie ne suis appaisé , ie donneray satisfaction à leurs ames. D'où vient qu'Ondesonk ne paroist point icy : c'est luy que ie demandois, & non pas son écriture , qui est desia si vieille , que ie ne la connois plus ? Tu es si ef-

fronté, que tu oſes bien redemander
quelques haches , & quelques hail-
lons qu'on a pris à quelques - vns de
tes Gens. As-tu rapporté ce que tes
compatriotes ont pillé ? ce que vous
auez volé depuis deux ans dans les
maiſons Françoiſes? Quittes tes trahi-
ſons : faiſons la guerre , ſi tu ne veux la
paix : le François ne ſçait que c'eſt de
craindre , quand vne fois il eſt reſolu
à la guerre.

Tu demandes à l'Algonquin & au
Huron , ce qu'ils ont dans le cœur.
Ton frere l'Onnontagueronnon à tué
les Hurons , & tu venois pour maſſacrer les Algonquins , & tu leur demandes ce qu'ils ont dans le cœur? Ils
ſouffrent que ie te conſerue la vie,
pource qu'ils m'obeïſſent; & n'eſtoit
qu'ils me reſpectent, le collier dont
tu leur as fait preſent, auroit ſeruy de
licol pour t'étrangler. Vn Capitaine
Algonquin aioûta ce peu de paroles.
Tu dis que tu n'as pas oüy parler de la
mort des François : penſes - tu que
nous ſoions ſi enfans de croire, que tu
n'as pas veu leurs cheuelures, que tes
Gens ont porté dans leur païs ? Vous
D ij

ne faites qu'vne cabane de cinq feux, tous tant que vous estes, & tu n'aurois pas regardé ces trophées? Ondefonk t'a fait voir ton neueu, qu'Onontio & moy t'auons renuoié : en as-tu dit vn seul mot de reconnoissance ? *il parle du ieune Iroquois pris en guerre par vn Algonquin, qui le donna à Monsieur de Lauson Gouuerneur du païs, lequel l'enuoia en France, où ayant demeuré quelque temps, il repassa à Kebec l'an 1657. & de là fut reconduit en son païs par le Pere le Moine, comme nous auons dit cy-dessus.*

L'Algonquin poursuiuit son discours. Au reste, mon frere, (dit-il à l'Agneronnon) ne t'étonnes point de voir tes Gens aux fers : Onontio qui est nostre Pere, nous y fait bien mettre, quand nous nous sommes enyurez.

Pour conclusion. L'Agneronnon voiant que le Conseil se dissippoit, & qu'on ne parloit point de le renuoier en son païs, fit encore deux presens. Au premier, il dit. Ie ne connois point le meurtrier des François. I'ay appris, passant à Montreal, que c'estoit l'Onneïotchronnon, ou l'Oïogueronnon :

mais si tu voulois, Onontio, que deux
ou trois de nous autres allassions porter nouuelle à nos Anciens, de l'estat
de nos affaires, tu verrois au Printemps Ondesonk, & les meurtriers.
Au second present. En attendant
(sit-il) la pleine & entiere satisfaction
pour ces meurtres, i'essuie, par auance,
ce, le sang des morts répandu sur la
terre. Changeons de propos.

Pendant qu'on faisoit ces assem-
blées à Kebec, & qu'on tenoit ces
Conseils, les Agneronnons en tin-
rent vn fort secret, au mois de Feurier, où vn petit nombre des principaux & des Anciens de toutes les Nations se trouuerent, dans lequel il fut
resolu, qu'aussi-tost qu'on auroit re-
tiré les Agneronnons & les Onnontagueronnons, qui estoient entre les
mains des François, on feroit main-
basse sur ceux qui estoient proche
d'Onnontagué ; & que si Onontio ne
relafchoit point ces prisonniers, on
tuëroit vne partie des robes noires, &
des François, & on mettroit l'autre
dans les liens, pour en faire échange
auec leurs compatriotes mis aux fers

dans les prisons Françoises.

On m'a asseuré, que deuant l'assemblée de ce Conseil general des Nations Iroquoises, il s'en estoit tenu vn particulier dans Onnontagué , où la mort de nos Peres & de nos François auoit esté concluë ; & l'execution s'en deuoit bien-tost faire, si vn Capitaine , grand amy de nos Peres, ne l'eust arrestée par adresse , disant , qu'il ne falloit pas se precipiter ; qu'on nous égorgeroit bien , quand on voudroit; que nous ne pouuions pas échapper; qu'il falloit attendre le retour de la ieunesse , qui estoit allée en guerre, pour faire le coup auec plus d'asseurance , & auec moins de danger & de perte.

Quelles estoient, ie vous prie, les pensées de nos pauures Peres, à qui ces nouuelles se disoient en secret? A quoy se pouuoient resoudre cinquante-trois François, se voiant enuironnez d'ennemis de tous costez, apprenant tous les iours, que diuerses bandes , & diuerses troupes descendoient vers les François , pour les massacrer, aussi-bien que nos Sauuages.

On m'a dit auffi (ie ne fçay s'il eft vray, pource que ie n'ay pas receu tous les memoires que i'attendois.) Que nos Peres firent des prefens aux Anciens d'Onnontagué, pour empefcher ces entreprifes ; mais ils répondirent, qu'ils ne pouuoient pas retenir leur ieuneffe.

On dit encore, que les meurtriers des trois François de Montreal, eftant interrogez, pourquoy ils auoient attaquez les François, puifque la paix eftoit faite auec eux ? répondirent en fe mocquant. Les François tiennent entre leurs bras les Hurons & les Algonquins, il ne faut donc pas s'étonner, fi en voulant frapper les vns, les coups tombent quelquefois fur les autres.

Enfin nos François ont recours à Dieu. La crainte des feux & de l'efclauage les penfa diuifer, mais *incidit illis confilium bonum :* ils s'vnirent tous enfemble, & prirent vn bon confeil. Si bien que

Le 20. de Mars, ils abandonnerent leur maifon, comme nous auons dit au Chapitre fecond, & fortirent de ce

D iiij

pauure & miserable païs, secoüant la poussiere de leurs pieds, & disant auec les Anges : *curauimus Babylonem, & non est sanata, derelinquamus eam.*

Le 25. Le Pere Ondesonk s'estant transporté des Bourgades Iroquoises en la Nouuelle Hollande , m'écriuit vne Lettre, qui m'a esté apportée de Dieppe , & renduë à Paris, au mois de Nouembre de cette année 1658. I'en ay tiré ce qui suit. Nos François d'Onnontagué ne sçauent bonnement , si nous auons la paix , ou la guerre : car la derniere bande de nos meilleurs Chrestiens Hurons , qui montoient volontairement auec eux, pour s'aller habituer au païs des Onnontagueronnons, où ils esperoient du secours pour leur Christanisme , furent tous massacrez cruellement au milieu du chemin , par les Barbares conducteurs, & ce à la face de leurs freres les François, qui ne s'attendoient pas peut-estre à meilleur marché.

Pour moy, on me croit mort à Kebee. Les probabilitez qu'ils en ont, ne sont pas petites. Depuis mon arriuée à

Agniegué, il y a tantoſt cinq mois , il s'eſt fait à Montreal vn maſſacre de trois de leurs principaux habitans , les cheuelures de deux furent enleuez, & la teſte du troiſiéme. On a veu à Kebec , & aux trois Riuieres, des bandes des guerriers Iroquois , qui marchoient, diſoient-ils, contre l'Al-gonquin. Dans ce doute Monſieur Daillebouſt iugea , qu'il eſtoit du mieux d'en mettre vn bon nombre aux fers, qui y ſont encore depuis cinq ou ſix mois.

Cette detention ma penſé cauſer la mort, & me voicy auiourd'huy auec les Hollandois, à la veille de me iet-ter dans vne barque, qu'ils équippent pour Kebec. De fait on me donne auis de tous pleins d'endroits , que l'Agueronnon ne m'a veu qu'à regret dans ſon païs , où i'aſſiſtois nos Hu-rons Chreſtiens , depuis l'empriſon-nement de ſes gens.

Au reſte nos pauures Algonquins, & d'enhaut & d'embas , courent au-iourd'huy riſque d'eſtre tous détruits, ſi Dieu n'y met la main : car l'Iroquois iouë de ſon reſte. Il a quitté ſon païs pour l'aller exterminer: vne partie eft on campagne depuis deux mois, & ne doit eftre de retour qu'à l'Automne prochain. Son deffein eft d'enleuer la grande Bourgade des Hurons , & des Algonquins, où le defunt P. Garreau montoit, pour y faire vne belle Miffion. L'autre bande partit dés mon arriuée en leur païs , à deffein d'aller renuerfer tout ce qu'elle rencontrera foit au Sagné, foit à Tadouffac.

Eft-il poffible qu'vne petite poignée de mutins , mette fi long-temps vne bariere fatale à la propagation du faint Euangile? & qu'ils fappent la fubfiftance de Canadas? I'efpere que Dieu, & nos SS. Anges y mettront la main. V. R. voit affez, *quid facto demum fit opus , fed opus eft, mi Pater, feftinato.*

De la Nouuelle Hollande le 25. Mars 1658.   *Totus in Domino Iefu* SIMON LE MOINE.

On voit bien en effet ce qu'il faudroit faire, mais ceux qui ont la bonne volonté, n'ont pas toufiours la puiffance, & ceux qui ont le pouuoir, n'ont pas toufiours le vouloir. C'eft en Dieu qu'il faut établir noftre efperance.

Rentrons au chemin que nous auons quitté.

Le 3. d'Auril. Nos Peres & nos François aprés mille dangers, arriuerent enfin à Montreal, où les glaces s'ouurirent, pour leur donner passage. Ils furent contraints d'y seiourner enuiron quatorze iours, à cause que le bas de la riuiere n'estoit pas encore libre. Comme le païs des Iroquois est plus au Sud, que celuy des Algonquins, ils auoient trouué les lacs & les riuieres bien moins glacées. Montreal les receut auec vne grande charité.

Le 17. d'Auril. Ils parurent aux Trois Riuieres. On les regardoit comme des Gens échappez du feu, & de l'eau, & des glaces. Ils furent aussi obligez d'y faire quelque petit seiour, pour les mesmes difficultez du passage, la Riuiere se débouchant plus-tard aux endroits qui sont plus au Nord.

Le 23. du mesme mois d'Auril. Ils mirent pied à terre à Kebec, où ie m'asseure que chacun raconta plus d'vne fois ses auantures. Laissons-les entretenir leurs amis, & reprenons noſtre Iournal.

Nous auons veu cy-ceſſus, au 12. de Feurier de cette année 1658. comme les Ambaſſadeurs d'Aniegué promirent qu'on verroit au Printemps Ondeſonk. En effet, il aborda à Montreal, ſur la fin du mois de May. Les Agneronnons, qui le conduiſoient, aiant aſſeuré Monſieur de Maiſonneufue, que ſes compatriotes n'auoient point rompu la paix auec les François, il relaſcha à leur priere, & à celle du Pere, deux Agneronnons, qu'il auoit arreſtez depuis peu. Paſſant aux Trois Riuieres, le Gouuerneur de la place les fit embarquer dans vne chalouppe, auec cinq Agneronnons, qu'ils amenoient à Kebec à Monſieur Daillebouſt.

Auſſi toſt on conuoqua vne aſſemblée de François, & de Sauuages nos Alliez, pour entendre ces nouueaux Meſſagers ou Ambaſſadeurs. Ceux qui s'y trouuerent, s'eſtant gliſſez en bon nombre, de la Sale du Chaſteau, ou du Fort, dans vne gallerie qui regarde ſur le grand Fleuue ; cette gallerie eſtant bien caduque, ne ſe trouua pas

aſſez fotte pour ſoûtenir tant de monde, ſi bien qu'elle rompit, & tous les
François, & les Sauuages, les libres
&les captifs, ſe trouuerent peſle-meſle
hors du Fort, ſans auoir paſſé par
la porte: perſonne, Dieu mercy, ne
fut notablement endommagé. Chacun eſtant rentré, les harangues &
les preſens ſe firent à l'ordinaire. Ie
n'en ay point ſceu le detail, les memoires ne ſont pas venus iuſques à
moy. On m'a ſeulement dit, que la
concluſion de ce Conſeil fut, que
ceux qui auoient amené le Pere le
Moine, nommé par les Sauuages
Ondeſonk, s'en retourneroient en
leurs païs auec des preſens, & auec
quelques priſonniers, pour inuiter les
Anciens à venir voir Onontio, afin de
conclure vne paix generale, & vni-
uerſelle entre toutes les Nations.
Qu'en attandant cela, on retiendroit
touſiours vne partie des Agneronnons, & qu'on les traiteroit bien. Ils
partirent de Kebec au mois de Iuin,
ie ne ſçay pas le iour preciſément.

En ce meſme temps. Le Pere le
Moine, qui auoit demeuré à Mont-

real, deuant que d'aller au païs des Agneronnons, y remonta, à la priere de deux bons & honneſtes Eccleſiaſtiques qui y demeurent, & à l'inſtance des habitans, à ce qu'on m'a rapporté.

Dans le meſme mois de Iuin, vne bande d'Onneïotchronnons partis de leur païs, deuant que nos Peres & nos François fuſſent ſortis du Lac de Gannantaa voiſin d'Onnontagué, prirent trois François aux Trois Riuieres, qu'ils entraiſnerent auec eux en l'Iſle de Montreal, où voulant ſurprendre quelques-vns de nos Gens, l'vn d'eux fut tué : ce qui les irrita ſi fort, qu'ils bruſlerét ſur la place vn des troisFrançois, qu'ils tenoient captifs, emmenât les deux autres vers leur païs, où l'on dit qu'ilsles ont fait mourir à petit feu.

Le 11. de Iuillet. Arriua à Kebec Monſieur le Vicomte d'Argençon, enuoié par ſaMaieſté, & par Meſſieurs de la Compagnie de la Nouuelle France, pour gouuerner le païs. Auſſi-toſt que ſon nauire eut moüillé l'ancre, Monſieur Daillebouſt, qui tenoit ſa place en attendant ſa venuë,

l'alla saluër dans son abord, pendant
que les habitans de Kebec estoient en
armes sur le quay. Monsieur Dailleboust estant sorty, se met à la teste des
habitans , & Monsieur le Gouuerneur, aprés auoir enuoié son Secre-
taire pour faire ses complimens, mit
pied à terre auec ses gens. Ils montent
tous en bel ordre au Chasteau. On luy
presente les clefs à la porte. Le ca-
non ioüant de tous costez , & dans le
Fort, & sur les nauires , faisoit rouler
son tonnerre sur les eaux , & dans les
grandes forests du païs. Aiant pris pos-
session du Fort, il rend visite à nostre
Seigneur en l'Eglise de la Paroisse,
puis en nostre Chapelle, & en suite il
se transporte à l'Hospital , & de là aux
Vrsulines. Voilà vne belle iournée,
voions la suiuante.

Le lendemain , qui estoit le 12. du
mesme mois de Iuillet, comme il la-
uoit ses mains pour se mettre en table,
on crie aux armes , on dit que les Iroquois tuënt quelques personnes, en
vn lieu si peu éloigné, qu'on enten-
doit les voix des attaquans, & des attaques des maisons voisines. Mon-

ſieur le Gouuerneur quitte la compagnie & le diſner, leue en vn moment 220. hommes, ſans compter les Hurons & les Algonquins, qui ſe mirent de la partie. Il donne la chaſſe à ces coureurs, qui, pour ſe ſauuer, abandonnerent deux enfans Algonquins, qu'ils emmenoient, aprés auoir laiſſé pour mortes trois pauures femmes Algonquines, dont l'vne fut veritablement tuée ſur la place, l'autre mourut quelque temps aprés de ſes bleſſeures, & la troiſiéme en eſt rechappée.

Le 13. Monſieur le Gouuerneur partit à la pointe du iour, auec 250. hommes : mais aprés ſix heures de marche, ils ne trouuerent que la piſte des Iroquois, qui s'eſtoient retirez ; ſi bien que Monſieur le Gouuerneur fut contraint de ramener ſes gens, auec reſolution de marcher en bon ordre, à toutes les nouuelles certaines qu'il aura des ennemis.

Le 28. Monſieur le Gouuerneur aiant fait l'honneur à nos Peres, de viſiter leur College, qui à la verité n'eſt pas ſi peuplé que celuy de Paris. Auſſi Rome n'eſtoit pas ſi grande, ny

ſi

fi triomphante fous Romulus , que
fous Iules Cefar. Mais enfin, pour petit qu'il foit , les écoliers ne laiffent
pas de le receuoir en trois langues : ce
qui luy agrea fi fort, comme auffi vne
grande troupe de François , & de Sauuages , qui fe trouuerent en ce rencontre.

Le 1. du mois d'Aouft. Les Sauuages allerent faluër Monfieur le Gouuerneur, & luy firent leurs prefens,
pour marque de leur ioie, & de l'efperance qu'ils ont d'eftre deliurez , par
fon moien, des maux que leur font
leurs ennemis. Monfieur le Vicomte
leur fit compliment, & leur donna en
fuite vn feftin à la mode du païs.

Quelque temps aprés , fur l'aduis
qu'il receut , que deux Iroquois é-
toient venus aux Trois Riuieres , faire
quelque propofition au Sieur de la Poterie , & croiant , auec fuiet , que c'é-
toient des auant-coureurs de quelque
armée , qui venoient épier l'eftat, la
garde , & la contenance des habitans
de ce lieu : il partit auec 150. François,
& 100. Sauuages, monta iufques aux
Trois Riuieres : mais voiant qu'il ne

E

paroiſſoit rien, aprés auoir étably
Gouuerneur particulier de cette place Mr de la Poterie, il donne iuſques
aux Iſles du Lac de S. Pierre, fait quelque ſciour dans l'ancienne place du
Fort de Richelieu, & le vent ne luy
permettant pas de monter la riuiere,
pour aller iuſques à Montreal, il re-
tourne à Kebec auec toute ſa milice.

Le 14. du meſme mois. Vne ving-
taine d'Agneronnons eſtant vis à vis
du Fort des Trois Riuieres, à l'autre
bord du grand Fleuue, ſçachant bien
que Monſieur le Gouuerneur y eſtoit
arriué, deſcendirent la nuit vers Kebec, & aprés auoir rodé à la ſour-
dine à l'entour de nos habitations,
pour prendre quelque pauure Huron, ou quelque Algonquin, ſe iet-
terent ſur deux François au Cap Rouge ; l'vn eſtoit fils d'vn habitant nommé Haiot, & l'autre eſtoit ſeruiteur
de Monſieur Bourdon : ils les pille-
rent, & les dépoüillerent, ſans leur
faire autre mal, pource qu'ils ſe ſau-
uerent de leurs mains par adreſſe.

Sur la fin d'Aouſt, ces vingt chaſſeurs d'hommes & de beſtes remon-

terent en secret aux Trois Riuieres.
Vn François en aiant apperceu quelques-vns, qui cherchoient leur proie
à pas de larrons, coucha l'vn d'eux en
iouë; mais vn ieune Iroquois le pre-
uint, & luy tira vn coup de fuſil dans
le bras : comme il n'eſtoit pas loin du
bourg, il ſe ſauua. Ces Barbares ne
croiant pas qu'il fuſt bleſſé, ſe diuiſerent en deux bandes; dix ſe cacherent
dans l'épaiſſeur des bois, & les dix autres furent ſi temeraires, que de ſe
venir preſenter aux François, diſant
qu'ils venoient à la ſemonce d'Onontio, pour traiter d'vne bonne paix generale.

Nous venons de remarquer cy-deſſus, au mois de Iuin, que les Ambaſſadeurs Agneronnons, qui nous auoient
rendu le Pere Ondeſonk, auoient eu
ordre de retourner en leur païs, & de
dire à leurs Anciens, qu'on ne relaſ-
cheroit point leurs priſonniers, qu'ils
ne vinſent eux-meſmes, pour traiter
d'vne paix generale entre toutes les
Nations. Or ſoit que ces Ambaſſadeurs euſſent rencontré en chemin
ces vingt chaſſeurs ou guerriers, ou

E ij

que veritablement ils euſſent fait leur rapport au païs, & que là-deſſus ces vingt hommes ſe ſoient mis en chemin, pour venir traiter auec les François : il eſt certain qu'ils firent tous leurs efforts, pour prendre à la dérobée, tous les Hurons & tous les Algonquins, & peut-eſtre toûs les François, qu'ils auroient pû attraper. Et comme ils ſe voioient en trop grand nombre, pour faire croire qu'ils venoient comme des Ambaſſadeurs, ils ſe diuiſerent, & ne parurent que dix. Mais ils tomberent dans la foſſe, qu'ils preparoient aux autres. Ils nous vouloient tromper, & ils furent trompez eux-meſmes : car celuy qui commandoit aux Trois Riuieres, les fit prendre par adreſſe, & en enuoia ſept à Monſieur le Gouuerneur à Kebec.

Ces pauures miſerables penſerent eſtre maſſacrez à leur abord par les Algonquins, meſme entre les mains des François, quoy qu'ils fuſſent plus de cinquante hommes bien armez, pour les conduire depuis le bord de la riuiere, iuſques à vne tour, qui n'en eſt pas bien éloignée. Monſieur

le Gouuerneur n'aiant pas encore découuert sa pensée aux Algonquins,
ils creurent qu'il vouloit deliurer ces
prisonniers. C'est ce qui les fit entrer
en furie contre eux, se souuenant des
perfidies, des trahisons & des meurtres commis sur leurs pauures compatriotes. Ie croy qu'ils sont maintenant
bien contens du procedé de Monsieur le Gouuerneur, voiant qu'il
prend à cœur les interests de la Foy
de la Religion, & des Sauuages Chrestiens, & de tous nos Alliez.

Au reste, le Capitaine de cette
bande d'Agneronnons se nomme en
sa langne Atogoüaekoüan, & en Algonquin, Michtaemikoüan, c'est à
dire, la grande cuillier. Si c'est celuy
qui parut à Kebec, l'an 1645. pour
traiter de paix auec Monsieur le Che-
ualier de Montmagny, c'est vn grand
homme bien-fait, hardy, vaillant,
fourbe, eloquent, railleur : ce sont
les belles qualitez, qu'on remarqua
en luy dés ce temps-là. Voilà en quel
estat estoit le païs, le 6. de Sept. de cette
année 1658. que le premier vaisseau le-
ua l'ancre, pour retourner en France.

E iij

Diuers chemins du Canadas à la mer du Nord.
Les noms de plusieurs Nations nouel-
lement découuertes.

CHAPITRE V.

P Ropter verba labiorum tuorum ego custodiui vias duras. S. Paul se pouuoit bien approprier ce passage : car
en verité les paroles de Iesus-Christ
l'ont ietté dans des chemins bien ru-
des & bien fascheux. Aussi-tost qu'il
a commencé de prescher l'Euangile,
d'établir l'Eglise, de procurer le salut
des hommes, il n'a trouué par tout
que des croix, dans la Iudée, dans la
Grece, dans l'Italie : il n'a trouué que
des calomnies, des persecutions, des
perils & des dangers, sur mer & sur
terre, des Iuifs & des Gentils : *pericu-*
lis fluminum, periculis latronum, pericu-
lis ex genere, periculis ex gentibus, peri-
culis in ciuitate, periculis in solitudine,
periculis in mari, periculis in falsis fra-

tribus. Voilà comme les Apoſtres ont preſché la Foy en l'Aſie, & en l'Europe, & comme il la faut preſcher en l'Amerique.

Nos Peres ont taſché de ſuiure ces traces, ſelon leur petite portée. Ils meurent ſur la mer, on les tuë ſur la terre, on les bruſle, on les mange, on les calomnie, on les perſecute par tout. *Quaſi morientes, & ecce viuimus.* Comme des gens qu'on fait mourir tous les iours, & qui ſont encore viuans. On leur ferme la porte d'vn coſté, ils entrent par vne autre. Ils ſe iettent dans le fleuue du Sagné, le ſurmontent malgré ſa rapidité : ils penetrent dans les tenebres des plus épaiſſes foreſts, vont par tout chercher de pauures peuples abandonnez. Les ennemis tuënt les oüailles & les paſteurs. Ils ſuiuent les peuples nommez les Poiſſons blancs, dans leurs païs : on les met à mort. Ils montent au païs des Outaoüak : on les maſſacre. Ils vont aux Nipiſiriniens, & aux Hurons, & à la Nation Neutre : on les prend en chemin, on les bruſle. On les bannit des Hurons,

E iiij

des Nipifiriniens, & des autres peuples circonuoifins : ils fe iettent dans le païs des Iroquois, ils publient les grandeurs de Dieu, ils prefchent Iefus-Chrift. On confpire contre eux, & contre les François : où iront-ils? que feront-ils? La porte eft quafi par tout fermée à l'Euangile. Tout n'eft pas encore perdu, la Miffion de Tadouffac, des Porcs-épics, des Poiffons blancs, & des peuples qui les frequentent : la Miffion des Abnaquiois, des Hurons, & des Algonquins qui font reftez, fubfifte encore : & s'il plaift à Dieu de ietter fes yeux fur les Nations nouuellement découuertes, dont vn Pere, grand Miffionnaire, m'a enuoié les noms, la moiffon fera plus grande, & la Miffion plus fainte que iamais. Mais écoutons-le parler.

Ie vous enuoie, dit-il, quelques memoires, que i'ay tirez, partie de deux François, qui ont penetré bien auant dans le païs, partie de plufieurs Sauuages, qui font témoins oculaires des chofes que ie vay dire, lefquelles pourront feruir, pour dreffer vne Carte generale de ces contrées. Vous

verrez dans le craion que i'enuoie, où
i'ay posé Tadoussac, les Trois Riuieres, le Lac des Nipisiriniens, & le
Grand Sault : & si ie ne les ay pas bien
placez, vous corrigerez, s'il vous
plaist, mon griffonnage, dans lequel
vous verrez aussi les nouueaux chemins, pour aller à la mer du Nord par
Tadoussac, par les Trois Riuieres, &
par les Nipisiriniens, auec la distance
des lieux, selon les iournées que les
Sauuages ont faites, que ie mets à
quinze lieuës par iour, en descendant,
à cause de la rapidité des eaux, & à
sept ou huit lieuës en montant. I'ay
tracé ces chemins, suiuant le Rhun
de vent, que les Sauuages ont marqué eux-mesmes, tousiours entre le
Nord-Ouest, & l'Ouest, ou l'Ouest
quart de Sur - Ouest, fort peu droit
au Nord.

Vous verrez de plus les noms des
principales Nations, que i'ay mar-
quées dans la Topographie que ie
vous enuoie, les designant par vne
seule cabane. Toutes ces Nations sont
fixes, & bien peuplées, & parlent toutes ou franc Algonquin, ou franc

Montagnais , ou franc Abnaquiois :
quelques-vns font vn mélange de ces
trois langues , qui ont beaucoup de
rapport entre elles : fi bien que toutes
ces Miffions fe peuuent appeller les
Miffions Algonquines , pource que
celuy qui fçaura la langue Algonquine , les entendra bien-toft , & facilement. Dieu m'a donné vne paffable
connoiffance de ces trois langues. Di-
fons deux mots de ces chemins , & de
ces Nations.

Chemins à la mer du Nord.

LE premier chemin à la mer du
Nord, partant de Tadouffac, tire
quafi au Nord. En voicy la route. Il
faut monter par le fleuue du Sagné ,
qui fe dégorge dans le grand fleuue
de S. Laurens à Tadouffac, & voguer
iufques au lac nommé Piouakouami ,
diftant de Tadouffac, en droite ligne ,
enuiron quarante lieuës. Les Sauuages emploient cinq iournées à monter par ce chemin , à caufe des courans , & des faults qu'ils rencontrent ;
& ils ne font que deux grandes iour-

nées à descendre, fauorisez par la rapidité des eaux.

Du lac Piouakouami il faut aller à
vn autre lac nommé Outakouami, di-
stant du premier, au dire des Sauuages, comme de Kebec à Montreal,
c'est à dire soixante lieuës, qu'ils font
en dix iours en montant, & en cinq
iours en descendant.

Du lac Outakouami iusques à la
mer, ie coniecture, à les oüir parler,
qu'il y a enuiron soixante lieuës. Ils
font ce chemin en cinq iours en descendant vn peu par vne grande Baie,
ou ance, qui est vis à vis de ce lac,
sous la ligne du Nord.

A costé gauche du lac Outakouami, tirant à l'Ouest, vne riuiere venant des terres, ou des forests, dont
ce païs est tout couuert, se vient dé-
charger dans ce lac. Les Sauuages disent, qu'en montant par cette riuiere,
on rencontre le fleuue Metaberoutin,
que nous appellons les Trois Riuieres enuiron trois iournées plus auant
qu'vn lac, qu'ils nomment Ouapichiouanon; & de là on va trouuer la Baie
des peuples nommez les Kilistinons,

qui font fur la mer du Nord.

Le fecond chemin pour aller à cette mer , eft par les Trois Riuieres ; tirant au Nord-Oueft. On va des Trois Riuieres au lac appellé Ouapichiouanon , éloigné d'enuiron cent-cinquante lieuës de l'emboucheure des Trois Riuieres , dans le fleuue S. Laurens. Les Sauuages en defcendant font ce chemin en fept iours.

De ce lac on va droit à la riuiere des Ouakouingouechiouek. Les Sauuages ont fait ce chemin, au Printemps paffé, en trois iours : il eft bien neantmoins de quarante lieuës ; mais comme il va vn petit en defcendant, on auance dauantage , comme auffi le retardement eft·plus grand , quand on y monte.

De la riuiere des Oukouingouechiouek , ie compte enuiron foixante, ou foixante & dix lieuës , iufques en la Baie des Kiliftinons , nommez Nifibourounik, & cela fe fait en quatre iours. Vn Sauuage Kiliftinon eft venu en traite , ou en marchandife , à la fufdite riuiere des Oukouingouechiouek , il a paffé l'Hyuer auec ces peuples , aufquels il a donné parole de retourner au Printemps , auec bon nombre de fes gens : c'eft luy qui affeure, qu'il n'y a que pour quatre iours de chemin.

Troifiéme chemin. Les Nipifiriniens fortant de leur lac nommé Nipifin, d'où ils ont tiré leur nom de Nipifiriniens , trouuent la mer du Nord aprés quinze iours de chemin ; c'eft à dire , que leur lac en eft peut-eftre éloigné de cent cinquante licuës.

Quatriéme chemin. Les Achirigouans, qui habitent fur vne riuiere , qui fe va ietter dans la Mer Douce des Hurons, vont en peu de iournées trafiquer auec les Kiliftinons Ataouaboufkatouk , qui font fur la mer. Nous verrons plus-bas, qu'il y a de plufieurs fortes de Kiliftinons.

Cinquiéme chemin. Les Algonquins fuperieurs trouuent la mer en fept iournées de chemin , fe rendant en trois iours au lac nommé Alimibeg , & de là ils defcendent dans quatre autres iournées , dans la Baie des Kiliftinons, qui borde la mer.

Voicy encore vn nouueau chemin

du païs des Hurons aux Trois Riuieres, fortant du lac nommé Temaganii, c'eft à dire eau profonde, que ie croy eftre la mer Douce des Hurons, & la fource du grand fleuue S. Laurens, aiant fait quelque chemin fur ce grand fleuue, on trauerfe enuiron quinze lieuës, par des petits ruiffeaux, iufques au lac nommé Ouaffifanik, d'où fort vn fleuue, qui conduit aux Trois Riuieres. C'eft par ce chemin que vingt-cinq canots Nipifiriniens arriuerent, il y a enuiron deux ans, chargez d'hommes, de femmes, & d'enfans,& de pelleteries. Ils nous dirent, qu'ils auoient trouué par tout, de l'orignac, ou des caftors, ou des poiffons, dont ils faifoient leur nourriture. Ils nous affeuroient, qu'il feroit facile à nos François, partant des Trois Riuieres, de fe rendre dans vn mois à la mer Douce des Hurons. Voilà des routes plus diciffiles à tenir, que le grand chemin de Paris à Orleans. Marquons maintenant les noms des Nations nouuellement découuertes.

Noms de plusieurs Nations découuertes depuis peu.

LE Pere Gabriel Dreuillettes, de qui nous auons tiré la plus grande partie de ce qui est contenu dans ce Chapitre, à fait porter le nom de Saint Michel au premier Bourg, dont il fait mention. Ceux qui l'habitent, se nomment en Algonquin, les Oupouteouatamik. On compte dans ce Bourg enuiron sept cent hommes, c'est à dire trois mille ames, dautant que pour vn homme, il se trouue pour le moins trois ou quatre autres personnes, sçauoir est, les femmes & les enfans. Ils ont pour voisins les Kiskacoueiak, & les Negaouichirini-ouek. On trouue en ce Bourg enuiron cent hommes de la Nation du Petum, qui s'y sont retirez, fuiant la cruauté des Iroquois.

La seconde Nation est des Noukek, des Ouinipegouek, & des Maloüminek. Ces peuples sont fort peu éloignez du Bourg de Saint Michel, ou des Oupouteouatamik. Ils re-

cueillent fans femer, vn certain fei-
gle, qui vient naturellement dans
leurs prairies, qu'on tient eftre meilleur que le bled d'Inde. C'eft icy, où
enuiron deux cent Algonquins, qui
demeuroient fur les riues du grand
Lac, ou de la mer Douce des Hurons,
du cofté du Nord, fe font refugiez.

La troifiéme Nation eft éloignée
d'enuiron trois iournées par eau, du
Bourg S. Michel, tirant dans les terres. Elle eft compofée des Makouten-
fak, & des Outitchakouk. Les deux
François, qui ont voiagé en ces con-
trées-là, difent que ces peuples font
de tres-douce humeur.

La quatriéme Nation a vn Bourg
de mille hommes, éloigné de trois
iournées du Bourg de S. Michel : ce
font quatre ou cinq mille ames.

La cinquiéme Nation, qui fe nomme des Aliniouek, eft plus nombreu-
fe : on y compte bien 20000. hommes,
& foixante Bourgs : ce font enuiron
cent mille ames. Elle eft à fept iournées de S. Michel, vers l'Oueft.

La fixiéme Nation, dont les peuples s'appellent les Oumamik, eft di-
ftante

ſtante de ſoixante lieuës, ou enuiron, de S. Michel. Elle a bien huit mille hommes, ce ſont plus de vingt quatre mille ames.

La ſeptiéme, qu'on nomme les Poualaᴋ, c'eſt à dire, les Guerriers, contient trente Bourgades, qui ſont à l'Oueſt, quart de Nord-Oueſt, de S. Michel.

La huitiéme eſt au Nord-Oueſt, à dix iournées de S. Michel. Elle a bien 40. Bourgades, habitées par les Naouechiouek & par les Mantouek.

La neufuiéme au de là des Nadouechiouek, à trente-cinq lieuës ou enuiron du lac Alimibeg, ſe nomme la Nation des Aſſinipoualaᴋ, c'eſt à dire, les Guerriers de pierre.

La dixiéme Nation eſt des Kiliſtinons, qui compoſent quatre Nations, ou quatre peuples. Les premiers ſe nomment les Kiliſtinons Alimibegouek : les ſeconds, les Kiliſtinons de la Baie Ataouabouſcatouek : les troiſiémes, les Kiliſtinons des Nipiſiriniens, pource que les Nipiſiriniens ont découuert leur païs, où ils vont en traite, c'eſt à dire en marchandiſe. Ils

F

ne sont qu'enuiron six cent hommes, c'est à dire deux mille cinq cent ames, qui ne sont pas beaucoup sedentaires. Leur naturel est fort accostable.

Les quatriémes se nomment Kilistinons Nisibourounik.

La quatorziéme Nation a trente Bourgades, habitées par les Atsistagherronnons. Ils sont au Sud-Ouest quart de Sud, à six ou sept iournées de S. Michel. Les Onnontagueronnons leur ont declaré la guerre depuis peu.

Le Pere adioûte, qu'il a appris d'vn Capitaine Nipisirinien, qu'en vn seul endroit il auoit veu deux mille Algonquins cultiuans la terre, & que les autres Bourgades de la mesme contrée estoient encore plus peuplées. Le mesme Capitaine asseuroit, que du costé du Sud, & du Sudest, il y auoit plus de trente Nations, toutes sedentaires : toutes parlans la langue Abnaquioise, & toutes plus peuplées, que n'estoient iadis les Hurons, dont le nombre montoit à trente, ou trente-cinq mille ames, en dix-sept lieuës de païs.

Ie ne parle point, dit le Pere, des Nations connuës de longue main. En effet il ne dit mot des Kichefipiirini-ouek, des Kinonchepiirinik, des Ou-rountchatarounongak, des Mataou-chkairinik, des Ouaouechkairiniouek, des Amikouek, des Atchougek, des Ouafaouanik, des Ouraouakmikoug, des Oukiskimanïtouk, des Maskafi-nik, des Nikikouek, des Michefa-king, des Pagouitik, ce font les peu-ples du grand Sault; des Kichkan-koueiak. Toutes ces Nations, dont plufieurs ont efté mal-traitées des Iroquois, fe feruent de la langue Algon-quine.

Voilà vn beau champ de bataille pour ceux qui voudront entrer en li-ce, & combattre pour Iefus-Chrift. Ie fçay bien que ces peuples ne font pas attraïans, comme ceux qui ont des Empires, & des Republiques, des Princes, & des Rois; comme ceux qui font couuerts de foie, & de broca-telle; qui font courtois, & bien po-lis: mais il me femble, que Iefus-Chrift n'a pas beaucoup prefché à ces Gens-là, & que la foy, la vertu,

la sainteté , n'habitent pas si familie-
rement dans les Palais , que dans des
maisons de chaume & de paille , & en
vn mot , dans des cabanes.

Ie sçay bien que la porte est maintenant fermée à quantité de Nations :
que les armes Iroquoises troublent
toutes les nouuelles Eglises des Sauuages : que la guerre cause vne si grande confusion par tout , qu'on ne se
connoist quasi plus. Mais ie sçay bien
aussi , que dans le premier âge de l'E-
glise, on iugeoit quelquefois le Chri-
strianisme abattu , & puis quelque
temps aprés , il se releuoit, & parois-
soit plus florissant que iamais. *Fructum
referent in patientia .* On se haste de ra-
masser promptement les iauelles , &
les gerbes d'vn bled desia couppé :
mais la moïsson Euangelique se fait *in
patientia ,* auec patience , & dans les
souffrances.

Pour donner courage aux enfans
d'Israël , d'entrer dans la terre qui
leur auoit esté promise , on leur fit voir
des fruits de cette terre. Lisez les Relations precedentes , & vous trouue-
rez que les Sauuages sont capables

de Dieu, auſſi-bien que les autres peuples plus policez. Le don d'oraiſon,
l'amour des ſouffrances, la charité du
prochain, ſe trouuent dans quelques-
vns eminemment : *ex vngue leonem*,
de l'échantillon on connoiſt toute la
piece.

l'ay appris tout nouuellement d'vne
perſonne venuë de Canadas, au mois
d'Octobre, qu'vn Pere de noſtre Compagnie demandant à vne femme Huronne, ſi elle n'auoit pas eſté touchée
d'vne grande douleur, apprenant les
horribles tourmens, que les Iroquois
auoient fait ſouffrir à ſon mary. Non,
dit-elle, ie n'en ay receu aucune triſteſſe. Le Pere tout ſurpris, luy en demande la raiſon. l'ay reconnu, fit-
elle, que Dieu auoit accordé à mon
mary, ce qu'il luy demandoit depuis
ſix moix : car tout l'Hyuer il ne faiſoit
quaſi aucune priere, qu'il n'aioûta ces
paroles : Tu es le maiſtre de la vie; ſi tu
veux que les Iroquois nous attaquent,
ne permets pas que ie ſois aſſommé
d'vn coup de hache ; mais fay-moy
prendre, fay-moy lier & garrotter;
fay-moy traiſner en leur païs, afin que

ie fois bruflé, & grillé tout vif. Ie
souffriray toutes leurs cruautez tres-
volontiers, pour les pechez que i'ay
commis deuant & aprés mon Baptefme. I'ay tant de regret te t'auoir faf-
ché, toy qui es fi bon, que ie prendray
plaifir d'endurer tous ces tourmens.
Voilà la priere de mon mary. Dieu luy
a accordé ce qu'il demandoit, pour le
rendre plus heureux au Ciel. Pourquoy en ferois-ie trifte ? On m'a rap-
té (adioûtoit cette femme) que pendant le chemin, qui dura bien vn
mois, il chantoit des prieres, il en-
courageoit ceux qui eftoient pris auec
luy, leur parlant du Ciel, comme s'il
euft defia veu la porte ouuerte pour y
entrer. Lors qu'on le brufloit, iamais
il ne s'étonna, fa veuë eftoit le plus
fouuent au Ciel. Il fit paroiftre tant
de ioie, que les ennemis mefmes di-
foient, que la foy donnoit du courage, & oftoit la crainte & la douleur
des tourmens. On offrit beaucoup de
prefens, pour luy fauuer la vie ; mais
iamais les Iroquois ne les voulurent
accepter. Qui fouffre faintement, porte à Dieu les prefens en fa main.

On a découuert des Sauuages Chreftiens, porter la nuit du bois à la porte
de quelques pauures gens, qui n'en
pouuoient faire, cherchant les tenebres pour cacher leur charité. D'autres aiant commis quelque offenfe,
aprés auoir demandé pardon à Dieu,
& ne fe pouuant confeffer, dautant
qu'ils eftoient à la chaffe dans leurs
grands bois, attachoient aux bran-
ches des arbres quelques brins de
porcelaine, ou quelque autre chofe
qu'ils aimoient, comme vne marque
de leurs regrets, & de la fatisfaction
qu'ils faifoient de leurs pechez, donnant ces petits prefens, pour l'amour
de noftre Seigneur, aux pauures qui
pafferoient par là.

On demanda vn iour à vn Sauuage,
qui eftoit fouuent & long-temps à
genoux pendant la nuit, s'il prioit
beaucoup le bon Dieu. Non, dit-il,
pource que ie ne fçay pas ce qu'il luy
faut dire. Ie fay les prieres qu'on m'a
apprifes, tous les foirs, & tous les ma-
tins ; mais cela eft bien-toft fait : le
refte du temps, ie penfe à luy, & ie
luy dis : Si ie fçauois ce qu'il te faut
F iiij

dire, ie te le dirois. Tu ſçais bien que ie t'aime ; mais ie ne ſçay pas comme il te faut parler. En quelque endroit que i'aille, i'ay touſiours cette penſée, que ie l'aime, que ie luy voudrois bien parler, mais que ie ne ſçay pas ce qu'il luy faut dire. Voilà vne oraiſon bien ſimple, & bien pure, qui tient peu de l'entendement, mais beaucoup du cœur. Les arbres qui portent ces fruits, ne ſont pas tout morts.

De la mort d'vne ieune Huronne, Religieuſe Hoſpitaliere.

CHAPITRE VI.

LES petit pouſſins craignent le mi-lan, les petits agneaux fuïent le loup, & les petits Sauuages abhorrent la contrainte. Tout cela prouient d'vn meſme principe, c'eſt à dire, de la nature. Les Sauuages paſſent quaſi toute leur vie, ou à la chaſſe, ou dans des courſes, & dans des voiages, me-nant fort ſouuent auec eux leurs femmes, & leurs enfans; si bien qu'estant conceus dans cette passion, fortifiée par vne longue habitude, il est quasi aussi naturel à leurs enfans d'aimer la liberté, qu'aux petits canards d'aimer les ruisseaux, & les riuieres. Les Religieuses Hospitalieres, & les Vrsulines de Kebec, auouënt que les petites filles Sauuages ont de l'esprit, que plusieurs ont vn bon naturel, qu'on les · gagne aisément auec la douceur : mais elles fuïent grandement la contrainte. On a veu de petites seminaristes, éleuées dans le Monastere des Vrsulines, non seulement pieuses & deuotes, mais si bien instruites, qu'elles estoient capables d'enseigner à lire, & à écrire leur compagnes. On les voioit faire le petit ménage de la maison auec adresse. Enfin, ces pauures enfans se voiant aimées, & goustant mesme la pieté, demandoient, & pressoient qu'on les fist Religieuses : mais enfin, comme on les retenoit long-temps, pour éprouuer leur vocation, & pour les accoustumer à vne vie sedentaire, & renfermer dans vn cloistre, l'âge leur faifant reſſentir les inclinations qu'elles ont d'aller & de venir, elles diſoient franchement à leurs maiſtreſſes, qu'elles n'auoient pas aſſez d'eſprit, pour eſtre touſiours en place, témoignant la peine, & les regrets qu'elles auoient de les quitter. Le temps changera petit à petit cette humeur, & la grace ne laiſſera pas d'en gagner quelquesvnes à la Religion, comme celle, dont la Mere ſuperieure de l'Hoſtel-Dieu de Kebec va parler dans ce Chapitre, qui eſt entre mes mains.

Le ſuiet, dit-elle, de la preſente eſt également plein de ioie, & de triſteſſe, puiſque nous acquerons vne aduocate au ſeiour de la gloire, en perdant encore cette année vn treſor, que nous poſſedions comme propre. Par la mort de noſtre chere Sœur Geneuiefue Agnes de tous les Saints, vous diriez que Noſtre Seigneur ſe plaiſt tellement au choix que nous faiſons, des filles du païs pour ſon ſeruice, qu'il en a voulu auſſi-toſt tirer à ſoy les premices, nous les rauiſſant pour le Ciel. En effet, le 15. du mois de Mars 1657. noſtre petite Commu-

nauté donna la premiere fille Religieuſe, natiue du païs : & le 3. de Nouembre de la meſme année, la premiere fille Sauuage, qui aie iamais
embraſſé la vie Religieuſe. Ceux qui
connoiſſent l'humeur des Sauuages,
auront peine à ſe perſuader, qu'vne
ieune fille de leur Nation ait voulu
ſe captiuer aux exercices de la Religion, & à garder la cloſture : mais la
grace qui fait trouuer de la douceur,
& de la facilité dans les choſes les plus
repugnantes à la nature, a trouué tant
d'entrée dans le cœur de cette chere
fille, que nous auons toutes admiré
les aimables conduites de Dieu ſur
elle.

Elle nous fut donnée le mois de
May 1650. âgée de huit à neuf ans.
Elle eſtoit fille d'vn des principaux
Capitaines Hurons. Son pere & ſa
mere eſtoient excellens Chreſtiens.
Si-toſt qu'elle fut auec nous, elle s'ap-
pliqua fortement à apprendre la langue Françoiſe, & y reüſſit ſi bien,
qu'en moins d'vn an elle la ſceut parfaitement. Elle apprit promptement
à lire & écrire, en ſorte qu'elle ſur-

paſſoit toutes ſes compagnes, meſme les Françoiſes. Nous auons ſouuent admiré, qu'vne fille Sauuage, nourrie & éleuée dans les bois, pûſt ſi-toſt comprendre ce qu'on luy enſeignoit. Auſſi ſon eſprit n'auoit-il rien de ſauuage, & ſon naturel eſtoit excellent. Elle ne ſçauoit de quelle couleur étoit le vice; & s'il luy arriuoit de faire quelque petite faute, elle ne cherchoit point d'excuſe, pour la couurir, mais elle s'en accuſoit incontinent. Sa grande ſincerité eſtoit vne marque de la bonté de ſon cœur. La Maiſtreſſe des penſionnaires les reprenant quelquefois en general, ſi elle croioit auoir failly, elle excuſoit incontinent les autres, & prenoit tout le tort ſur elle-meſme, ne pouuant ſouffrir qu'on accuſaſt ſes compagnes. Auſſi l'aimoient-elles vniquement. Aprés qu'elle eut appris à lire & à écrire, on la mit à la cuiſine, pour la tenir toûiours dans vn eſprit de ſoûmiſſion. Elle s'y comporta auec tant de ferueur & d'humilité, que cela nous donnoit à toutes de l'étonnement. Iamais on ne l'a entenduë ſe plaindre, ny

murmurer. Si deux ou trois perſonnes luy commandoient diuerſes choſes tout à la fois, elle ne s'en faſchoit
point, mais auec vne grande douceur
elle faiſoit , autant qu'elle pouuoit,
tout ce qui luy eſtoit commandé. Il
y auoit du plaiſir à la voir quitter iuſques à cinq & ſix fois vne choſe, pour
en faire vne autre , qu'on luy commandoit de nouueau : ce qu'elle faiſoit auec autant de gaieté, que ſi on
luy euſt laiſſé faire tout ce qu'elle euſt
ſouhaité. Le grand deſir qu'elle auoit
d'eſtre Religieuſe, ne luy faiſoit rien
trouuer de difficile , quoy que nous
l'éprouuaſſions par toutes ſortes de
moiens, ſans que pendant ſept années
qu'elle a demeuré auec nous , nous
aions pû remarquer aucun changement dans ſon eſprit. Elle apprehendoit plus que la mort , de retourner
auec ſes parens : en ſorte qu'vn iour,
pluſtoſt pour l'éprouuer, que pour la
punir d'aucune faute qu'elle euſt faite,
on la fit venir au refectoire , deuant
toute la Communauté , & l'aiant re-
priſe aſſez ſeuerement, on luy donna
le choix , ou de ſortir du Conuent,

ou de receuoir la difcipline. Cette
pauure innoncente n'eut pas pluftoft
oüy le mot de fortir , que les groffes
larmes luy coulerent des yeux ; & ioi-
gnant les mains, elle nous pria de ne la
point mettre dehors, nous proteftant
qu'elle eftoit prefte de receuoir telle
penitence qu'on voudroit. A mefme
temps elle commença à fe des-habil-
ler : mais on n'auoit garde de paffer
outre. C'eft vne chofe tres-peu vfitée
parmy les Sauuages , de tancer leurs
enfans, bien moins de les frapper. Il ne
fçauent que c'eft de les contrarier en
leur ieuneffe : d'où on peut voir, qu'il
falloit vne grace bien grande en cette
ame innocente , pour la refoudre à ce
qu'elle apprehendoit tres-fort naturellement. Ses parens luy aiant donné fouuent des attaques , pour l'obli-
ger à fortir , elle a toufiours efté ferme
comme vn rocher. Tant de bonnes
difpofitions ont efté fuiuies de beaucoup de graces, entre lefquelles celle
d'eftre receuë au Nouiciat ne luy
eftoit pas la moins confiderable. Ce
bonheur luy arriua le iour de l'An-
nonciation de la tres-fainte Vierge ,

de l'année 1657. qu'elle commença à
faire les fonctions de la Religion, auec
autant d'exactitude , qu'vne ancienne
professe. Elle donnoit de l'admiration
par son humilité, par sa sincerité, par
sa douceur, & par sa deuotion, qu'elle
portoit sur tout à la tres-immaculée
Mere de Dieu , qu'elle aimoit auec
vne tendresse nompareille. Elle con-
tinuoit, & alloit croissant dans cette
vertu , & nous donnoit de grandes
esperances pour le futur. Mais nostre
Seigneur qui a bien d'autres veuës
que les hommes, qui est maistre ab-
solu de toutes les creatures, en a dis-
posé tout autrement : car au milieu,
ou plustost au commencement de cette belle course, il l'a rauie à la terre,
pour la donner au Ciel, luy enuoiant
vne maladie assez commune aux Sauuages, qui est vne espece de langueur,
iointe à vne fieure lente, qui la con-
sommoit de telle sorte, qu'elle dimi-
nuoit à veuë d'œil, auec vne fluxion
accompagnée d'vne grosse toux, qui
luy gastoit toute la poitrine, en sorte
que son poulmon se dessecha peu à
peu.

Nonobſtant toutes ces infirmitez, qui en auroient abattu beaucoup d'autres, où elle monſtra bien que la vertu eſt auſſi forte, pour l'animer à la patience, qu'elle auoit paru paiſible & tranquille dans ſa plus parfaite ſanté : car elle ne laiſſoit pas de trauailler autant, & plus que ſes forces ne luy permettoient, ſe trouuant à toutes les obſeruances du Chœur, & de la Communauté : & ſi aprés cela elle auoit quelque temps de reſte, elle l'emploioit à aller rendre des viſites au S. Sacrement, ou bien à apprendre à chanter, à quoy elle reüſſiſſoit bien, aiant vne fort belle voix. Elle s'exerçoit ſur tout à dire des Leçons de Tenebres ; ce qu'elle faiſoit auec vne deuotion, & vne attention rauiſſante, qui nous ſeruoit à toutes d'exemple. Le dernier Careſme, quoy qu'elle fuſt dés lors aſſez mal, elle ne laiſſa pas d'en chanter vne, chacun des trois iours de la Semaine-ſainte : & le mal augmentant petit à petit, il luy fallut ceder, & ſe ranger à l'Infirmerie, enuiron la feſte de l'Aſſomption de la Sainte Vierge. Ce fut

là

là qu'elle fit voir tant de douceur, de soûmiſſion, & de vertu, que cela n'eſt pas croiable, ne donnant iamais aucun relaſche à ſa deuotion. La Mere, qui auoit ſoin d'elle, comme Infirmiere, & qui eſtoit nouuellement arriuée de France, me diſoit ſouuent, qu'à moins que ie l'aſſeuraſſe, qu'elle fuſt Sauuage de Nation, elle ne le croiroit pas, veu qu'elle n'en voioit aucune marque en cette chere fille. Ie voy, diſoit cette Mere, qu'elle fait tout ce que i'ay veu faire aux plus parfaites Religieuſes de France, dans leurs maladies. En effet, dés le commencement de ſon mal, elle demanda vn Crucifix, qu'elle ne quitta iamais, & qui eſtoit ſon plus ordinaire entretien ; elle le carreſſoit ſans ceſſe. Elle n'obmit iamais ſes petites prieres, ſur tout ſon Chapellet, quoy que ſon oppreſſion fuſt violente : & quand on luy diſoit, que cela la faiſoit ſouffrir dauantage, incontinent ſa ſoûmiſſion luy mettoit en bouche ces paroles : Ma Mere, ie feray tout ce qu'il vous plaira ; mais cela ſeul eſt ma conſolation & mon diuertiſſement.

G

Le naturel Sauuage porte à la liberté, & à vouloir absolument ce qui luy plaist, ou fuïr ce qui luy déplaist. Elle auoit parfaitement dompté ces inclinations ; en sorte que si quelquefois elle s'estoit laissée emporter à quelque legere impatience, on la voioit, vn moment aprés, reuenir à elle, & demander pardon mille fois, auec vne humilité admirable. Son innocence estoit si grande, que luy demandant quelquefois, si elle vouloit se confesser, cette ame angelique répondoit : Helas ! mon Dieu, que diray-ie ; depuis ma derniere confession ie n'ay rien fait : & à mesme temps elle fondoit en larmes, craignant que cela ne procedast de son aueuglement. Ah, ie vous prie, (disoit-elle) examinez moy ; car ie n'ay point d'esprit, pour me connoistre. Ce sentiment d'elle-mesme estoit bien contraire aux pensées de ceux qui gouuernoient sa conscience. Ils asseurent, qu'elle leur rendoit vn compte exact de tous les mouuemens de son cœur, auec beaucoup d'intelligence : & ils protestent tous, qu'elle a probablement conserué

la blancheur de son innocence baptis-
male. Iamais, quelque foiblesse qu'elle
eust, elle ne pût souffrir de communier
dans son lit ; mais elle prioit qu'on la
menast au Chœur. Elle ne perdit pas
vne Communion, tant qu'elle se pût
traisner à l'Eglise. Des dispositions si
rares dans vne fille Sauuage donne-
rent, pour ainsi parler, iusqu'au cœur
de Dieu, qui voulut pour soy ce fruit
meur : de quoy son Infirmiere s'apper-
ceuant, & la voiant d'ailleurs dans vn
desir extréme de ioüir du bonheur
d'estre reuestuë de nostre saint habit
qu'elle demandoit sans cesse elle-mesme ; enfin on luy accorda cette grace,
le iour de la feste de tous les Saints : ce
qui fut fait auec toutes les ceremonies,
que pût permettre sa maladie. Si iamais vous auez veu la ioie, & le contentement dépeints sur vn visage, ce
fut sur celuy de cet ange incarné : car
quoy qu'elle fust foible au possible,
elle s'aidoit à se vestir, comme si elle
eust esté saine. Elle fit toutes les demandes necessaires, auec vne presen-
ce d'esprit nompareille. Si-tost qu'elle
eut l'habit, on luy donna le saint Via-

tique, qu'elle receut auec vne deuotion rauiſſante.

Depuis cet heureux iour , qu'elle
ſe vit Religieuſe Hoſpitaliere, & fille
de noſtre glorieux Pere S. Auguſtin,
il ne ſe peut dire quelle eſtoit la iubi-
lation de ſon cœur , & les remerci-
mens qu'elle nous en rendoit à toutes.
Si elle nageoit dans la ioie de cette fa-
ueur, noſtre petite Communauté n'en
reſſentoit pas moins , d'auoir donné
ſon ſaint habit à la premiere fille Sauuage de ces contrées , qui ait iamais
eu le bonheur d'entrer en Religion :
mais nous ne le poſſedaſmes pas long-
temps ſur terre ; car Dieu voulant
cueillir ce premier fruit, qui eſtoit
meur, il permit que ſon mal la iettaſt
dans l'extremité ; de quoy ſon Infirmiere , qui ne la quittoit ny iour, ny
nuit, m'aiant donné auis, ie luy fis ad-
miniſtrer auſſi-toſt le dernier Sacrement, qu'elle receut auec vne ſingu-
liere attention à Dieu , demandant,
ſelon la couſtume, pardon à toute la
Communauté preſente , auec des ſen-
timens d'vne veritable fille de la miſe-
ricorde, ne ceſſant de produire quan-

tité d'excellens actes des plus hautes
vertus, que de temps en temps on luy
suggeroit. Elle fit retirer tout le monde, excepté la Superieure, laquelle
luy demanda, si elle seroit bien-aisé
de faire les vœux de la sainte profession : nostre chere malade luy dit sa-
gement ; que ce luy seroit vne grande
grace, mais qu'elle ne la meritoit pas,
& qu'elle n'osoit la demander ; que
si on la luy accordoit, sa ioie seroit
accomplie. La Superieure iugeant
qu'elle auoit encore du temps à viure, ne se hasta pas, laissant passer ce
iour : mais lendemain, qui estoit vn
Samedy, la voiant sur les approches
de sa fin, luy dit ; Ma chere Sœur, de-
sirez-vous proferer les vœux ? Alors
nostre innocente agonizante, comme
se réueillant, dit auec empressement :
Ah, que i'ay de passion pour ce priuilege. Ce qui obligea la Mere, de les luy
faire prononcer, & au mesme instant
elle tomba en l'agonie. Nostre Communauté aiant esté appellée, elle la
voioit auec admiration, former mille
colloques amoureux à N. Seigneur,
priant actuellement pour Madame la

Ducheſſe d'Eguillon, noſtre chere & illuſtre Fondatrice, & pour la conuerſion de ceux de ſa Nation. Enfin cette ame angelique quitta la terre dans ce ſaint Exercice : rendant ſon eſprit à celuy qui ne l'auoit creé que pour luy. Elle eſtoit de fort belle taille, & bien agreable de viſage, d'vn naturel excellent, & d'vn eſprit au deſſus du commun, non ſeulement des Sauuages, mais auſſi des François. Noſtre conſolation eſt, de poſſeder en dépoſt, parmy celuy de nos autres Religieuſes decedées en la Nouuelle France, le corps de cette petite Colombe, dont nous nous glorifions d'eſtre les depoſitaires, comme d'vn riche treſor. Tous les Sauuages vinrent, comme à l'enuie, auec vne ioie nompareille, pour la voir inhumer dans noſtre ſaint habit : ce qui les rauiſſoit, parce qu'elle paroiſſoit auec vne beauté charmante. Tant il eſt vray que ſa mort des iuſtes eſt precieuſe en toutes façons. Voilà en verité vne mort bien ſainte, & bien precieuſe deuant Dieu. Mais changeons de diſcours. Le Chapitre qui ſuit, venu à la trauerſe,

nous fera voir , auec vne gaieté, &
vne naïfueté bien naturelle , que les
Sauuages sont quasi nos Antipodes en
leurs façons de faire.

De la diuersité des actions & des fa-
çons de faire des François, ou des
Europeans, & des Sauuages.

CHAPITRE VII.

IE ne sçay si ie me trompe, mais ie
dirois volontiers, que l'organe de
nos sens ressemble en quelque chose,
à la matiere premiere ; qui n'aiant de
soy ny beauté, ny difformité , compo-
se neantmoins les plus belles choses,
& les plus laides , selon les formes que
les Agens leur donnent. Le tempera-
ment de nos sens, de quelque costé
qu'il vienne, soit de nostre naissance,
ou de nos habitudes, leur donne de
la pente, ou de l'auersion ; de l'amour,
ou de la haine , pour les obiets qui
leur sont proposez. De cette source, à
mon aduis, prouient la grande diuer-

sité qu'il y a entre les sens des Sauuages, & des François, ou des Europeans : car vous diriez en plusieurs choses, que ce qui est du sucre aux vns, est de l'absynte aux autres. Commençons par l'odorat.

Il se trouue en ces quartiers de l'Amerique, des animaux, ausquels les François ont donné le nom de Rats musquez, pource qu'en effet ils ressemblent aux rats de France, sinon qu'ils sont bien plus gros, & qu'ils sentent le musc au Printemps. Les François aiment beaucoup cette odeur; les Sauuages la rebutent, comme vne puanteur. Ils soignent & se greffent la teste, & la face, auec des huiles, & auec de la gresse, qui nous put comme la charogne : c'est leur musc, leur orengeade, & leur binioin. La rose, l'œillet, le girofle, la muscade, & semblables odeurs, qui nous sont agreables, leur sont fades : & le tabac, qui fait mal au cœur à ceux qui n'ont point accoustumé de le sentir, fait vne des plus grandes de leurs delices.

Pour l'oreille. Encore que les Sau-

uages se plaisent fort au chant, vn
concert de musique leur semble vne
confusion de voix : & vne roulade
passe parmy eux , pour vn gazoüillis
d'oiseau. I'auoüe que le ramage ne
leur est pas des-agreable : mais leurs
chansons , qui pour estre mornes &
pesantes, nous donnent des idées de
la nuit, leur semblent iolies, comme
l'email du iour. Ils chantent dans les
dangers , dans les tourmens, & dans
les approches de la mort : les François
gardent, pour l'ordinaire, vn profond
silence dans tous ces rencontres. Le sel
qui assaisonne toutes les viandes qu'on
mange en Europe , les rend ameres au
goust des Sauuages. Leur boucan, qui
nous est quasi de la suie, leur est fort sa-
uoureux. La communication des vns
auec les autres, fait que le palais de
quelques François s'accommode au
boucan, & celuy de quelques Sauuages, aux viandes salées. Il est vray, que
iusques icy ie n'en ay point veu, qui
n'ait eu de l'horreur du fourmage de
Holande, des raues, des epiceries, de la
moutarde, & de semblables ragousts.
Ie me souuiens à ce propos, qu'vn Sau-

uage s'eſtant rencontré à table auec des François, comme on auoit ſeruy de la moutarde, la curioſité de gouſter de tous nos mets, ſans les connoître, luy fit porter ſa cuillier dans ce ragouſt ; en aiant pris vne aſſez bonne charge, il l'entonna plus viſte dans ſa bouche, qu'on ne luy eut appris, comme cela ſe mangeoit : Dieu ſçait s'il appreſta à rire à toute la compagnie ? C'eſt vne gloire parmy les Sauuages de bien manger, comme parmy pluſieurs Europeans de bien boire : & ce bon homme voulant monſtrer la force de ſon courage, s'efforçoit de faire bonne mine ; mais les larmes le trahiſſoient : il ſerroit les dents, & les leures tant qu'il pouuoit. Enfin, le peu de bonne mine, & de contenance qu'il auoit, luy échappa, & demeura bien étonné de la force de cette boüillie iaune, comme il l'appelloit. Pour concluſion, on luy enſeigna comme il falloit manger de la moutarde : mais il n'a iamais reduit en pratique cette leçon, ſe contentant de cette premiere experience pour le reſte de ſes iours. Les ſaulces, les ragouſts, les ſaupi-

quets, qui font les delices des friands,
feroient icy vn petit enfer au gofier
des Sauuages.

Encore qu'ils aient le cuir plus tendre, & plus delicat que les François,
fi on en croit aux lancettes, & à la
main des Chirurgiens, qui attribuënt
cette delicateffe aux huiles, & aux
greffes dont ils foignent, & dont ils
fe frottent : fi eft-ce que ces bonnes
gens n'ont point la moleffe, ny la delicateffe de nos Europeans. Ils trouuent le fommeil plus doux fur vn lit
de terre, & fur vn cheuet de bois, que
plufieurs perfonnes fur le duuet. Il
eft vray que l'habitude fait que le tact
rebutte la trop grande moleffe, trouuant fon plaifir, & fa fatisfaction dans
des chofes plus dures & plus afpres.
l'ay connu des Peres, qui ne pouuoient prendre leur fommeil fur vn
lit, pour s'eftre accouftumez à dormir
comme les Sauuages : fi on leur prefentoit, au retour de leur Miffion,
vne paillaffe, ou vn matelas, ils é-
toient contraints, iufqu'à ce qu'ils
euffent repris leur premiere habitude,
de paffer vne partie de la nuit fur le

paué de la chambre, pour dormir vn peu de temps plus à leur aise. En vn mot, les Sauuages sont quasi demy-nuds, pendant l'Hyuer, & les François se couurent le plus chaudement qu'ils peuuent.

Pour ce qui concerne le sens de la veuë. Il est tout certain, qu'il est v-niuersellement plus parfait chez les Sauuages, que chez les François : l'experience s'en fait quasi tous les iours. S'il faut découurir quelque chose, les François ne se fient pas tant à leurs propres yeux, qu'aux yeux des Sau-uages. Ils les ont tous noirs, & plus petits que les autres. Ie me persuade-rois volontiers, que l'ascendant qu'ils ont pardessus nous en cet endroit, prouient de ce qu'ils ne boiuent point de vin ; de ce qu'ils ne mangent ny sel, ny épices, ny autres choses capables de dessecher, & d'alterer le tem-perament de l'œil. Quoy qu'il en soit de la bonté de leurs veuës, il faut con-fesser, qu'elle trouue souuent de la beauté, où la nostre ne trouue que de la laideur. Ceux qui mettent la beauté d'vn visage dans la proportion de ses

parties , & dans la blancheur , & le
vermillon qui le couure , doiuent re-
trancher la moitié de leur definition,
s'ils ne veulent choquer les Afri-
quains , les Ameriquains , & quantité
d'Asiatiques. Mais venons au detail
de ce point.

Pour rendre vn visage plus beau en
France, on le degresse , on le laue le
plus soigneusement qu'on peut : les
Sauuages au contraire , l'oignent &
le gressent tant qu'ils peuuent , le
croiant d'autant plus agreable , qu'il
est plus luisant de leurs gresses , ou de
leurs huiles. Pour se rendre difforme
dans l'Europe , on se barboüille de
noir , de iaune , de bleu : & c'est cela
mesme qui fait vn Sauuage beau ,
& bien agreable. Quand quelqu'vn
d'eux veut aller en visite , ou assister à
quelque festin , ou à quelque danse ,
il se fait peindre le visage de diuerses
couleurs , par quelque femme , ou par
quelque fille ; car c'est l'vn de leurs
metiers , aussi-bien qu'autrefois parmy les Iuifs : & lors qu'il est bien bar-
boüillé , on le tient vn bel homme ; &
en Europe , on le prendroit pour vn
demon.

En France, les gros yeux ,.& les leures pluſtoſt ſerrées qu'ouuertes, ont de la beauté. En Afrique, les petits yeux, le teint le plus noir, les groſſes leures pendantes & renuerſées, font vn beau viſage. En Canadas, les yeux noirs, & le viſage gros, à la façon des anciens Ceſars, emportent le prix de la beauté, & de la grace. En Europe, les dents les plus blanches ſont les plus belles. Les Maures, & les Sauuages nous ſurpaſſent en cette beauté : ils ont les dents plus blanches que l'iuoire. En quelques endroits de l'Inde Orientale, ceux qui prennent du Betel, ont les dents rouges, & cette couleur fait vne partie de leur gloire.

En France , les cheueux vn petit blonds, bien ſauonnez , & bien degreſſez, bien gauffrez, & bien annelez, ſont les plus beaux. Les Neigres les aiment courts, & noirs, & bien creſpez. Les Sauuages les veulent longs, roides, noirs, & tout luiſans de greſſe. Vne teſte friſée leur eſt auſſi laide , qu'elle eſt belle en France. Il n'y a rien de ſi groteſque, comme la perruque des Sauuages. Au lieu de poudre de Cypre, ils mettent ſur leurs cheueux bien greſſez, le duuet, ou la petite plume des oiſeaux, & auec ce bel ornement, ils ſe croient auſſi iolis, que ceux qui portent des galants. En effet, cette plume eſt auſſi delicate, que la baue des vers à ſoie.

On ne fait point le poil à la mode en ce païs-là. Leur fantaiſie eſt leur mode. Quelques-vns les portent releuez ſur le haut de la teſte, la pointe en haut. Il ſe trouue vne Nation toute entiere, qui ſe nomme les cheueux releuez, pource qu'ils aiment cette façon de coiffure. D'autres ſe raſent ſur le milieu de la teſte, ne portant du poil qu'aux deux coſtez, comme de grandes mouſtaches. Quelques-vns découurent tout vn coſté, & laiſſent l'autre tout couuert. Les mouſtaches ſe portent en France aux coſtez de la teſte, les femmes Sauuages les portent ſur le derriere, ramaſſant leurs cheueux en vn petit pacquet, qui pend ſur leurs eſpaules. Iugez maintenant qui a perdu, ou qui a gagné. Chacun croit ſa mode la plus belle. La noſtre change ſouuent en France.

On tient que la barbe donne de la grace, & de l'ornement à l'homme. Cette opinion n'est pas receuë par tout. La barbe est la plus grande difformité que puisse auoir vn visage, en ce nouueau monde. Les peuples de ces contrées, appellent les Europeans barbus, par grosse iniure. Il y a quelque temps, qu'vn Sauuage enuisageant vn François, auec vne attention toute extraordinaire, & dans vn profond silence, s'écria tout à coup, aprés l'auoir long-temps consideré : O le barbu ! ô qu'il est laid ! Ils ont si peur de cette difformité, que si quelque poil veut naistre de leur menton, ils l'arrachent aussi-tost, pour se deliurer de nostre beauté, & de leur laideur.

Les Dames, en Europe, se plaisent d'estre bien coiffées : ce leur est vne grande meseance, de paroistre la teste nuë, & les cheueux épars confusément, sans ordre. C'est l'vne des beautez des femmes de Canadas : elles vont ordinairement la teste nuë, & se tiennent pour bien iolies, quand leurs cheueux sont bien luisans, &
bien

bien roides de greſſe : elles les portent
eſpars ſur les deux coſtez, ramaſſant
ceux de derriere en vn petit faiſſeau,
qu'elles enrichiſſent de petit grains
de leur porcelaine.

La coiffure, en France, diſtingue
les hommes d'auec les femmes. Quand
les Sauuages ſe couurent la teſte, toute coiffure leur eſt bonne : vn homme
ſe ſeruiroit auſſi bien d'vn chaperon
qu'vne femme, s'il treuuoit ce bonnet chaud, & commode à ſa teſte. Il
eſt vray que ceux qui nous frequentent plus ſouuent, commencent à di-
ſtinguer leur coiffure. Les hommes
aiment nos chapeaux, ou nos tapa-
bords, & les femmes nos bonnets de
nuit de laine rouge ; les plus longs, &
les plus hauts en couleur, leur ſem-
blent les plus beaux. Ils ne ſont pas
pourtant ſi ſcrupuleux, qu'vne femme ne ſe ſerue d'vn tapabort, & vn
homme d'vn bonnet de nuit tout au
beau milieu du iour. Si vn garçon ſe
veſtoit en fille dans l'Europe, il feroit
vne maſcarade. En la nouuelle France, la robe d'vne femme n'eſt point
mal-ſeante à vn homme. Les Meres Vr-

H

sulines, aïant donné vne robe à vne
ieune fille, qui sortoit de leur semi-
naire, le mary qui l'espousa, s'en ser-
uit bientost aprés, aussi gentiment que
sa femme; & si les François s'en moc-
quoient, il n'en faisoit que rire,
prenant leur gausserie pour vne ap-
probation.

En France. On se perçoit, il n'y a
pas long temps, le bout de l'oreille,
pour y pendre vne petite fleurette de
vanité : l'ouuerture la plus petite
estoit la plus gentille. En Canadas, les
hommes & les femmes ont les oreilles
percées : on les perce aux enfans dés le
berceau ; les plus grands trous sont les
meilleurs, ils y fourent aisément vn
baston de cire d'Espagne : & non seulement le bas de l'orelle est percé,
mais encore le tendon, ou le contour,
que les femmes chargent ordinairement de coquillage, qu'on appelle la
porcelaine.

En d'autres endroits de l'Amerique, quelques Nations se percent le
nez, entre les deux narines, d'où ils
font dependre quelques ioliuetez :
d'autres enchassent des pierreries dans

leurs ioües, & d'autres fur leurs lévres
pendantes & renuerfées, & tout cela
pour contenter leurs yeux, & pour
trouuer le point de la beauté. En verité, la veuë, & le iugement des hommes eft foible ! Comment fe peut-t-il
rencontrer tant d'orgueil, & tant d'e-
ftime de nous mefmes dans nos efprits
fi bigearres & fi limitez.

On porte, en France, les bracelets
au poignet de la main. Les Sauuages
les portent non feulement au mefme
endroit, mais encore au deffus du
coude, & mefme encore aux iambes,
au deffus de la cheuille du pied. Pourquoy ces parties ne meritent-elles pas
bien leur vanité, & leur enioliuement,
auffi bien que les autres, puifqu'ils les
portent ordinairement découuertes ?
Diogene voiant qu'on prefentoit vne
couronne, à celuy qui auoit merité le
prix de la courfe, la prit & luy mit aux
pieds, & non fur la tefte, voulant ho-
norer la partie du corps, qui luy auoit
donné la victoire.

Il n'y a que les femmes en France
qui portent des coliers. Cét ornement eft plus commun aux hommes

de Canadas qu'aux femmes. Au lieu de perles, & de diamans, ils portent des grains de porcelaine diuerſement enfilez, des grains de chappelets, de petits tuiaux ou canons de verre, ou de coquillage. I'ay veu vn Huron porter à ſon col, vne poulie de barque, & vn autre des clefs qu'ils auoient dérobées. Toutes les choſes extraordinaires leur ſont agreables, pourueu qu'elles ne leur couſtent qu'vn larcin.

Nous coupons nos ongles. Les Sauuages les laiſſent croiſtre, ſi vous les accuſez de ruſticité, vous ſerez condamné par des peuples entiers de l'Inde Orientale, qui nourriſſent leurs ongles tant qu'ils peuuent, pour marque de leur nobleſſe : voulant témoigner par là, que leurs doigts, embaraſſez de ſes ſuperfluitez naturelles, ne ſont point propres au trauail.

En France. Les hommes & les femmes ſe font faire des habits aſſez iuſtes, pour paroiſtre plus leſtes. les filles particulierement, font gloire d'eſtre menuës. En Canadas tout le monde s'habille au large : les hommes & les femmes portent des robes, qu'ils ceignent

en deux endroits, au deſſous du nom-
bril, & au deſſus du ventre, retrouſ-
ſant leurs grandes robes, & les re-
pliant, en ſorte qu'ils ont comme vn
grand ſac à lentour du corps, dans lequel ils fourent mille choſes. Les meres y mettent leurs enfans, pour les ca-
reſſer, & pour les tenir chaudement.

Plus les robes des Dames ſont lon-
gues, & plus elles ont de grace. Les
femmes Sauuages ſe mocqueroient
d'vn habit, qui deſcendroit beaucoup
plus bas que les genoux. Leur trauail
les oblige à ſuiure cette mode.

En Europe. La couſture des bas de
chauſſe eſt derriere la iambe, & ſi les
bas ont quelques arrieres-points, ou
quelque autre enrichiſſement, il eſt
ſur cette couſture, & ſur les coins.
Il n'en eſt pas de meſme parmy les
Sauuages; la couſture des bas que portent les hommes, eſt entre les iambes,
ils attachent en meſme endroit de petits ouurages faits de brins de porc-
eſpic, teins en écarlatte, en forme de
franges, ou de papillottes, qui ſe ren-
contrant les vnes contre les autres
dans leur demarche, ont ie ne ſçay

H iij

quelle gentilleſſe bien agreable. Les
femmes portent cet ornement au dehors de la iambe.

Les patins, en France, & les ſoulliers releuez paſſent pour les plus
beaux ; ils paſſent parmy ſes peuples,
pour les plus laids : pource qu'ils ſont
les plus incommodes. Les ſoulliers
des Sauuages ſont auſſi plats, mais bien
plus larges que les chauſſons d'vn tri-
pot, notamment l'hyuer, qu'on les
fourre, & qu'on les garnit pleinement
contre le froid.

On porte les chemiſes, en Europe,
ſur la chair, deſſous les habits. Les
Sauuages les portent aſſez ſouuent par
deſſus leur robe, pour la conſeruer
contre la neige, & contre la pluie,
qui coule bien aiſement ſur du linge
gras, comme ſont leurs chemiſes : car
ils ne ſçauent ce que c'eſt de les blan-
chir.

Quand le bout d'vne chemiſe ſort
d'vn habit, c'eſt vne meſſeance : mais
non pas en Canadas. Vous verrez des
Sauuages reueſtus à la Françoiſe, d'vn
bas d'eſtame, & d'vne caſaque ſans
haut de chauſſe : on voit deüant, &

derriere deux grands pans de chemise,
sortir de dessous leur casaque.   Cela
choque les François, & les fait rire :
les Sauuages n'en perdroient pas vn
petit brin de leur grauité.   Cette mode leur paroist d'autant plus gentille,
qu'ils prennent nos hauts de chausses
pour des entraues.   Ce n'est pas que
quelques-vns n'en portent quelquefois, par brauerie ou par gausserie.

Les bons vieux Gaulois pendoient,
le siecle passé, leurs escarcelles deuant
eux. Les François mettent maintenāt
leurs bources dans leurs pochettes.
Les Sauuages portent leur pochette,
leur bource , & leur escarcelle derriere le dos. C'est vn sac, qu'ils pas-
sent à leur col, par le moien d'vne cou-
roie, dans lequel ils mettent leur pe-
tun, & les autres petits besoins, dont
ils ont plus ordinairement à faire. Cette pochette, ou ce sac, n'a pour l'ordinaire, aucune cousture. Les Huronnes les font aussi artistement qu'vn ou-
urage fait à l'aiguille : les Algonquins
fontsouuent d'vne peau toute entiere,
d'vn loutre, d'vn renard, d'vn petit
ours, ou d'vn castor, ou de quelque
H iiij

autre animal, si gentiment écorché, que vous diriez qu'il est tout entier : car ils n'ostent ny les dents, ny les oreilles, ny les pattes, ny la queuë : elles font vne ouuerture au dessus du col, par où elles tirent le corps entier de l'animal, & par où les Sauuages portent la main dans cette pochette, quád elle est bien sechée, & bien passée.

La ciuilité & l'honnesteté nous ont appris à porter des mouchoirs : les Sauuages nous accusent de saleté en ce point : pource que nous mettons disent-ils, vne ordure dans vn beau linge blanc, & nous la serrons dans nostre pochette, comme vne chose bien precieuse, & eux la iettent par terre. De là vient, qu'vn Sauuage voiant vn iour, qu'vn François s'estant mouché replioit son mouchoir, luy dit en riant; si tu aimes cette ordure, donne-moy ton mouchoir, ie le rempliray bien-tost. Ie ne fais pas profession de garder vne grande suite, dans ces bigarreures, elles sortent de ma plume, comme elles se presentent à ma pensée.

Les Romains, & quelques Asiatiques, se couchoient autrefois sur de petits lits, pour prendre leur repas ; leurs tables estoient faites en demy-lunes. La pluspart des Europeans sont maintenant assis sur des sieges releuez, se seruant de tables rondes ou carrées. Les Sauuages mangent à terre, aussi bien que les Turcs, comme font aussi plusieurs peuples de l'Asie. Le monde est plein de varieté & d'inconstance, on n'y trouuera iamais de fermeté solide. Si quelqu'vn estoit monté sur vne tour assez haute, d'où il pust voir, à son aise, toutes les Nations de la terre ; il seroit bien empesché de dire ceux qui ont tort, ou ceux qui ont raison : ceux qui sont fous, ou ceux qui sont sages dans des varietez, & dans des bigarreures si étranges. En verité il n'y a que Dieu seul de constant : luy seul est immuable : luy seul est inuariable, c'est là où il se faut attacher, pour euiter le changement & l'inconstance.

En France. On entre-mesle le boire auec le manger. Les Algonquins font tout le contraire en leurs festins : ils mangent premierement ce qu'on leur sert, & puis ils boiuent sans plus toucher à la viande.

En France. Celuy qui inuite ſes amis, ſe met en table, & leur ſert des viandes, qu'il a fait appreſter : en ce païs, le maiſtre du feſtin ne mange point, & quelques fois il fait diſtribuer par vn autre, les mets de ſon banquet.

Les plats, en Europe, ſont mis ſur la table, pour donner liberté à tous les conuiez de trancher par où bon leur ſemblera. Là on donne à vn chacun ſon mets, & ſa part. Il ſemble que Ioſeph, traitant ſes freres en Egypte, en fit de meſme ; & que Samuel ayant inuité Saül, garda la couſtume qui regne en ces contrées.

Les François, pour l'ordinaire, parlent beaucoup en table : les Sauuages fort peu, ou point du tout.

C'eſt vn commun prouerbe, que la ſaulce fait ſouuent manger le poiſſon. Ce prouerbe n'eſt point receu en ce nouueau monde : car vn Sauuage ne ſçauroit manger de poiſſon trempé dedans nos ſaulces. Les François n'aiment pas ordinairement les œufs, s'ils ne ſont mollets. Les Sauuages diſent, que les œufs mollets ſont encore tout

cruds : c'eft pourquoy ils les font dur-
cir pour les manger.

Les François ont horreur d'vn œuf
couuis : les Sauuages mangent auec
delices, le petit oiſeau qui eſt encore
dans l'œuf. En effet, il eſt fort delicat.
I'ay mangé d'vn petit outardeau tiré
d'vn œuf bien boüilly : la chair eſtant
nctoiéc des immondices qui l'enui-
ronnent, en eſt tres-belle, & de tres-
bon gouſt : pour les œuf couuis, dont
il ne ſe formeroit aucun pouſſin, ils
font puants par tout le monde, comme
ie croy. Ic n'en oferois neantmoins
quaſi aſſeurer, tant les nez, & le palais des hommes ſont differens.

La greſſe toute pure fait mal au
cœur aux François ! les Sauuages la
boiuent, & la mangent figée. On iet-
te en France l'eſcume du Pot comme
l'excrement de la viande : les Sauuages la hument, comme vn excellent
boüillon, notamment dans leur ne-
ceſſité.

On laue la viande pour en nettoier
le ſang, & les ordures : les Sauuages
ne la lauent point, de peur d'en perdre le ſang, & vne partie de la greſ-

ſe. On commence ordinairement le diſner par le potage : c'eſt le dernier mets des Sauuages : le boüillon du pot leur ſert de boiſſon. Le pain ſe mange icy auec la viande, & auec les autres mets : ſi vous en donnez aux Sauuages, ils en feront vn mets à part, & bien ſouuent le mangeront le dernier. Ils s'accommodent neantmoins petit à petit à noſtre façon.

En la pluſpart de l'Europe, quand quelqu'vn va en viſite, on l'inuite à boire : parmy les Sauuages, on l'inuite à manger.

En France. Les bouchers debitent, & vendent leur viande auec les os, & on la ſert ainſi deſſus la table : parmy nos Algonquins, les bouchers & les boucheres, qui ſont quaſi en auſſi grand nombre, qu'il y a d'hommes & de femmes, habillent ſi adroitement vn animal, que les os demeurent ſeparez de la pluſpart de la chair. Ils ne laiſſent pas de faire boüillir tout enſemble : mais la viande ſe preſente aux feſtins, & on donne les os à examiner, aux domeſtiques de celuy qui fait le feſtin. Quand on les a bien ſucez, &

bien rongez, on ne les donne pas aux chiens, comme on fait en France ; ce feroit vn grand mal : pource, difent-ils, que les animaux fe rendroient bien plus difficiles à prendre, rece-uant auis de leurs freres, & de leurs femblables, qu'on donne leurs os aux chiens.. C'eft pourquoy ils iettent au feu, ou dans la riuiere, ou bien ils en-terrent les os du caftor, de peur que les chiens n'en approchent. Pour les be-ftes qui n'ont point d'efprit, c'eft à di-re, qui fe laiffent prendre aifément, ils méprifent leurs os, les iettant à leurs chiens.. Ceux qui font mainte-nant inftruits, fe mocquent de ces fu-perftitions & de ces réueries.

Si les Sauuages ne font à la chaffe, ou en voiage, leur pofture ordinaire eft d'eftre couchez, ou affis à terre : ils ne fçauroient demeurer debout ; les iambes, difent-ils, leur enflent in-continent. Ils haïffent les fieges plus releuez que la terre : les François tout au contraire, fe feruent de chai-res, de bancs, ou d'efcabeaux, laiffant la terre, & la litiere aux beftes.

Vn bon danfeur, en France, n'agite

pas beaucoup ſes bras, il tient le corps droit, remuë les pieds ſi leſtement, que vous diriez qu'il dedaigne la terre, & qu'il veut demeurer en l'air : les hommes Sauuages au contraire , ſe courbent dans leurs danſes ; ils pouſſent & remuënt leurs bras auec violence, comme s'ils vouloient paiſtrir du pain : ils frappent la terre des pieds ſi fortement, qu'on diroit qu'ils la veulent ébranler , ou enfoncer dedans iuſques au col.

Ceux qui venant de la ville quittent leur ſoulliers, les mettent en quelque lieu bas, & écarté : les Sauuages les pendent au plus haut lieu de leurs cabanes pour les faire ſecher.

En France. On porte les enfans ſur le bras, ou ſur la poictrine. En Canadas, les meres les portent derriere leur dos. On les tient en France le mieux couuerts qu'on peut : là ils ſont le plus ſouuent nuds comme la main. Leur berceau, en France, demeure à la maiſon : là, les femmes le portent auec leurs enfans : auſſi n'eſt-il compoſé que d'vne planche de cedre, ſur lequel le pauure petit eſt lié comme vn fagot.

En France. Vn Artifan n'attend point fon paiement, qu'il ne reporte fa befogne : les Sauuages le demandent par auance.

En France. On ne fe plaift pas beaucoup de voir tomber de la neige, ou de la grefle : c'eft ce qui fait fauter d'aife les Sauuages.

Ceux qui nauigent dans les vaiffeaux d'Europe, defcendent aux fond quand il pleut : les Sauuages au contraire, pour éuiter la pluie, fe mettent à terre, renuerfant fur eux, & fur leur bagage leur petit nauire.

Quand vn Sauuage prend vn outil pour doler du bois, ou vn couteau pour couper quelque chofe, il porte la main & le tranchant tout au contraire d'vn François : l'vn le porte en dedans, l'autre en dehors.

Les Europeans ne font point de difficulté de dire leurs noms, & leurs qualitez : vous faites vne confufion à vn Sauuage de luy demander fon nom : fi bien que fi vous luy demandez comme il s'appelle, il dira qu'il n'en fçait rien, & fera figne à vn autre de le nommer.

En France. Vn pere mariant sa fille, luy assigne vn dot. Là, on donne au pere de la fille.

En Europe, les enfans heritent de leurs parens : parmy les Hurons, les neueux du costé de la sœur, succedent à la charge de leurs oncles ; & les petits biens des Sauuages se donneront plustost aux amis du defunt, qu'à ses enfans. Cette coustume qui n'est pas mauuaise estant bien expliquée, se garde encore en quelques endroits de l'Inde Orientale.

En France. L'homme emmene, pour l'ordinaire, la femme qu'il épouse, en sa maison : là, l'homme va demeurer en la maison de la femme.

En France. Si quelqu'vn se met en colere, s'il a quelque mauuais dessein, s'il machine quelque mal, on l'iniurie, on le menace, on le chastie : là, on luy fait des presens, pour adoucir sa mauuaise humeur, & pour guerir sa maladie d'esprit, & pour reprendre de bonnes pensées. Cette coustume, dans la sincerité de leurs actions, n'est pas mauuaise : car si celuy qui est en colere, ou qui machine quelque mal,

estant

estant offensé touche ce present, sa
colere, & son mauuais dessein est ef-
facé de son esprit en vn moment.

En vne bonne partie de l'Europe,
on s'est ietté dans vn tel excés de ceremonies, & de complimens, que la
sincerité en est bannie. Là tout au
contraire, la sincerité est toute nuë :
si son fruit estoit abrié de quelques
feüilles, l'arbre en seroit plus beau.
Au bout du compte , il vaut mieux
viure auec franchise, & ioüir de la verité, que de se repaistre de vent, & de
fumée , sous des offres de seruices,
remplies de mensonge :

> *Namque magis natura placet, fucum odi-*
> *mus omnes.*

En Europe. On oste aux morts tout
ce qu'on peut , on ne leur donne que
ce qui est necessaire pour les cacher,
& pour les éloigner de nos yeux. Les
Sauuages tout au contraire , ils leurs
donnent tout ce qu'ils peuuent , ils les
oignent, & les habillent, comme s'ils
alloient aux nopces , enterrant auec
eux tout le bagage qu'ils aimoient.

Les François sont étendus tout de
leur long dans leurs sepulcres : les Sau-

I

uages en enseuelissant leurs morts, leur font tenir dans le tombeau, la posture qu'ils tenoient dans le ventre de leurs meres. En quelques endroits de la France, on fait tourner la teste au mort, du costé d'Orient : les Sauuages luy font regarder l'Occident. I'ay veu de nouucaux Chrestiens enterrant vn mort, disposer la fosse, en sorte que la teste regardast vers l'Autel de l'Eglise, & cela par deuotion.

Quelques nouuelles arriuées par le dernier vaisseau.

CHAPITRE VIII.

VO v s aurez remarqué cy-dessus, au Chapitre second, comme nos Peres , & nos François se retirerent de leur habitation bastie sur les riues du lac Gannantaa, voisin d'Onnontagué. Cela se fit la nuit, & sans bruit, & auec tant d'adresse , que les Iroquois, qui cabanoient aux portes de nostre maison, ne s'apperceurent iamais du transport des canots, & des batteaux, & du bagage qui fut mis à l'eau, ny de l'embarquement de cinquante trois personnes. Le sommeil, dans lequel ils estoient profondement enseuelis, aprés auoir bien chanté, & bien dansé, leur déroba cette connoissance ; mais enfin la nuit ayant fait place au iour, les tenebres à la lumiere, & le sommeil au réueil, ces Barbares sortirent de leurs cabanes, & se pourmenant à l'entour de nostre maison bien fermée à clef, s'estonnoient du grand silence des François. Ils ne voioient sortir personne pour aller au trauail, ils n'entendoient aucune voix. Ils creurent au commencement qu'ils estoient tous en prieres, ou en conseil ; mais le iour s'auançant, & ces prieres ne finissant point, ils frapperent à la porte. Les chiens, que nos François auoient laissez à dessein, leur répondent en iappant. Le chant du coq qu'ils auoient entendu le matin, & le bruit de ces chiens, leur fit penser que les maistres de ces animaux n'estoient pas loin, ils rentrent dans la patience qui leur échappoit ; mais enfin le Soleil commençant à descendre, &

perſonne ne répondant, ny aux voix des hommes, ny aux cris des beſtes, ils eſcaladent la maiſon pour voir en quelle poſture eſtoient nos gens, dans cét epouuantable ſilence. C'eſt icy que l'étonnement ſe change en effroy, & en trouble. Ils ouuurent la porte, les principaux entrent par tout, on monte au grenier, on deſcend dans les caues, & pas vn François ne paroiſt, ny vif, ny mort. Ils ſe regardent les vns les autres ; la peur les ſaiſit ; ils croient qu'ils ont affaire à des demons. Ils n'auoient veu aucun batteau, & quand meſme ils en auroient veu, ils ne s'imaginoient pas que nos François fuſſent ſi temeraires, que de ſe precipiter dans des courans, dans des briſans d'eau, dans des rochers, dans d'horribles dangers, où eux meſmes, quoy que tres-habiles à paſſer par ces ſaults & par ces caſcades, y perdent ſouuent la vie. Ils ſe perſuadent ou qu'ils ont marché ſur les eaux, ou qu'ils ont volé par l'air, ou pluſtoſt, ce qui leur ſembla plus probable, qu'ils s'eſtoient cachez dans les bois. On les cherche : rien ne paroiſt. Ils tiennent

quasi pour assuré qu'ils se sont rendus
inuisibles ; & comme ils ont disparu
tout à coup, qu'ils viendront fondre
tout à coup sur leurs Bourgades. Cette retraite miraculeuse dans leur esprit, leur fit voir que nos François
auoient connoissance de leur trahison, & la conscience de leur crime &
des meurtres qu'ils vouloient com-
mettre, les ietta bien auant dans la
terreur. Ils font garde par tout. Ils
font en armes iour & nuit, s'imaginant
à toute heure que la foudre & la vengeance des François iustement irritez,
alloit fondre sur leurs testes.

Enfin, voyant que rien ne paroif-
soit, que tout rouloit en leur païs à
l'ordinaire, ils enuoient de leurs troupes vers les François, les vnes en guerre & les autres comme des Ambassadeurs, pour sçauoir des nouuelles de
leurs hostes, & pour tascher de retirer
de nos mains leurs compatriotes mis
aux fers.

I'apprends que ceux qui sont venus
en armes, ont esté mal traitez, & qu'on
a retenu ces feints Ambassadeurs.
Nous sçaurons vne autre année le dé-

tail de tous ces rencontres & de toutes ces intrigues. Ie ne dis seulement qu'en passant & en gros, ce que i'ay apris de ceux qui sont retournez de ce nouueau monde par les derniers vaisseaux.

Ils adioustent, qu'il court vn bruit dans ce païs là, que tous les Europeans qui habitent cette longue coste qui regne depuis l'Acadie iusques à la Virginie, irritez contre les Iroquois ennemis communs de toutes les Nations, se veulent lier ensemble pour les détruire : *Non vult Deus mortem peccatoris, sed magis vt conuertatur & viuat.* Ie ne souhaitte pas la ruïne de ce peuple, mais bien sa conuersion.

On m'assure encore qu'il y a quantité d'Agneronnons, d'Onnontagueronnons, d'Oneiotchronnons prisonniers à Kebec, aux trois Riuieres & à Montreal. Que ces peuples viennent de tous costez solliciter Mons. le Vicomte d'Argençon Gouuerneur du païs, de les mettre en liberté : & comme il est homme sage & prudent, on dit qu'il ne veut point lascher prise, que ces Barbares n'amenent les enfans

des principaux du païs, qu'on tiendra
dans des Seminaires bien fermez,
qu'on éleuera en la foy Chrestienne, &
qui seruiront d'hostages aux François,
contre les courses & contre les entre-
prises de ces Barbares, qui n'ont autre
loy que celle de leur interest.

Voicy encore vne autre bonne nouuelle & bien certaine. Les Algonquins des païs plus hauts, dont nous
auons parlé cy-dessus, ont enuoié
quelques canots chargez de pelleterie
vers les François, auec parole de venir au nombre de cinq cent hommes l'an prochain, equippez en guerre & en marchandise. Ils souhaittent
des Peres de nostre Compagnie, pour
aller porter la foy dans leur païs, &
dans ces grandes Nations, dont nous
auons fait mention. Si le Demon
ferme vne porte, Dieu en ouure vne
autre. On écrit qu'il se prepare dé-
ia de braues ouuriers, pour porter
l'Etendart de IESVS-CHRIST
dans ces vastes contrées: *fiat, fiat.* Pour
conclusion, ie diray en finissant cette
Relation, que nonobstant les guer-

res, les tempestes & les afflictions du païs, on a baptisé en diuers endroits enuiron neuf cent Sauuages cette année.

F I N.